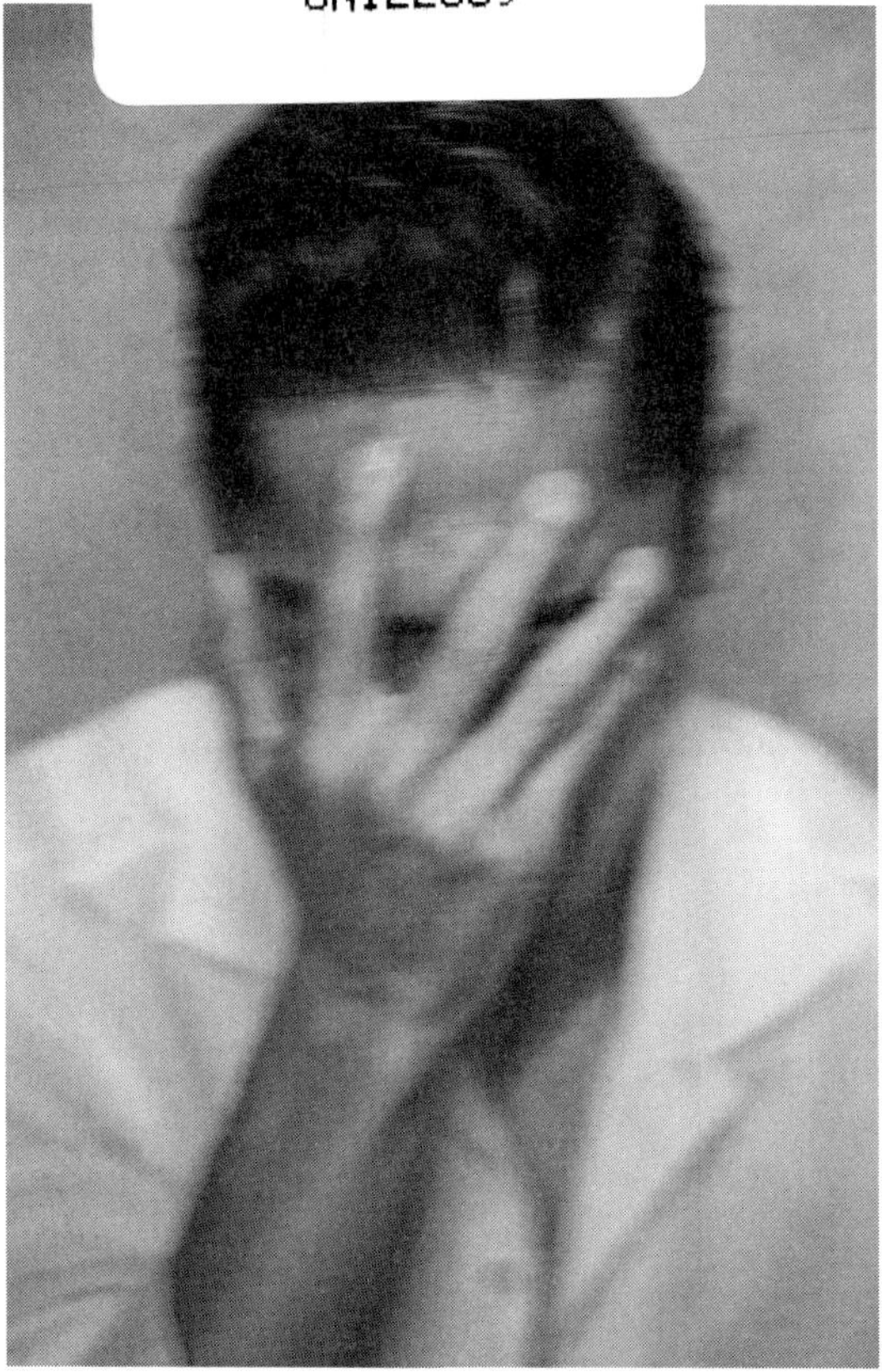

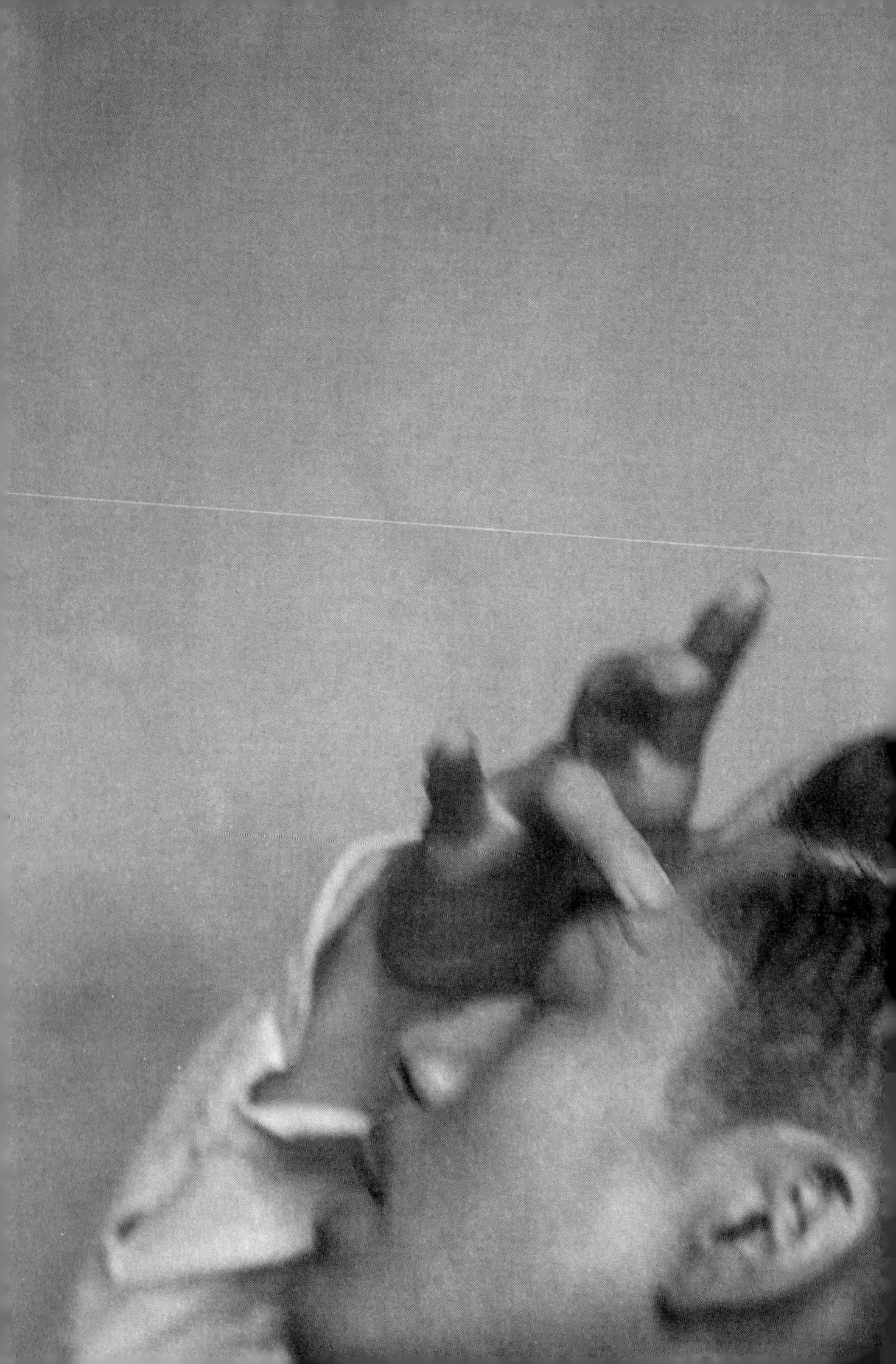

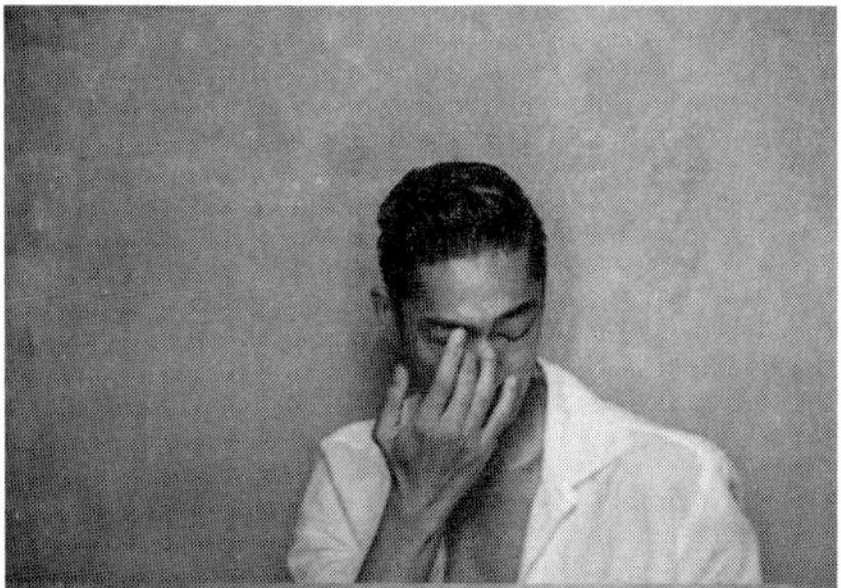

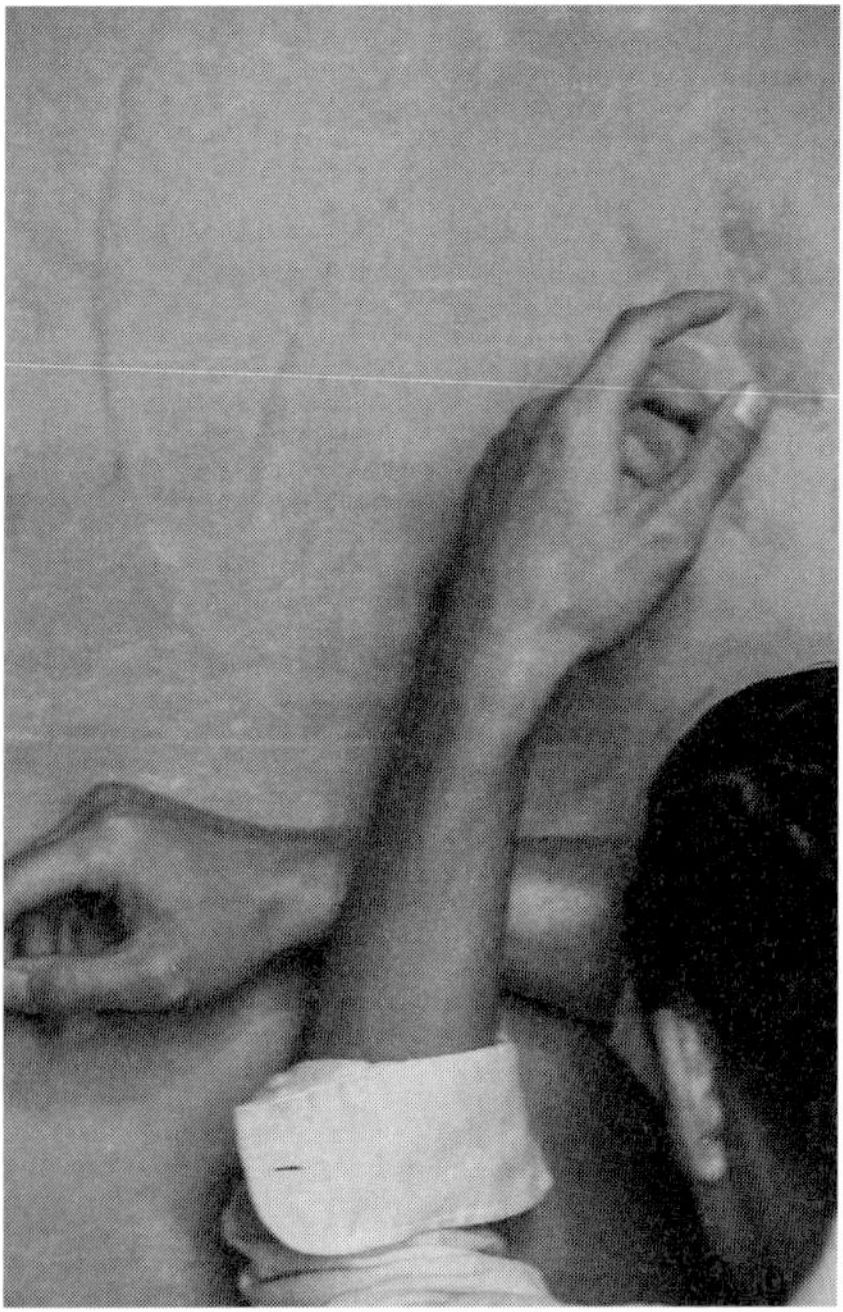

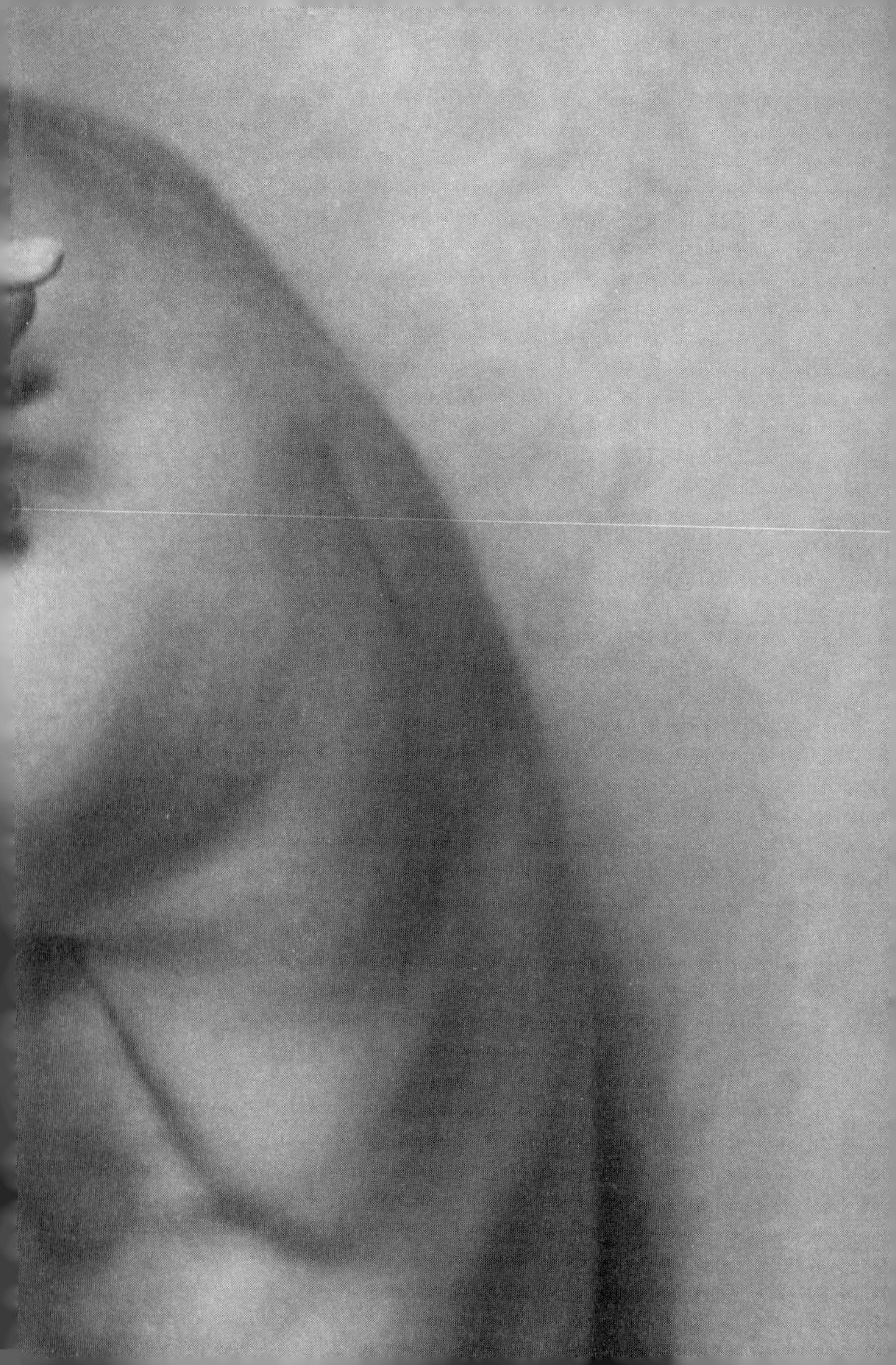

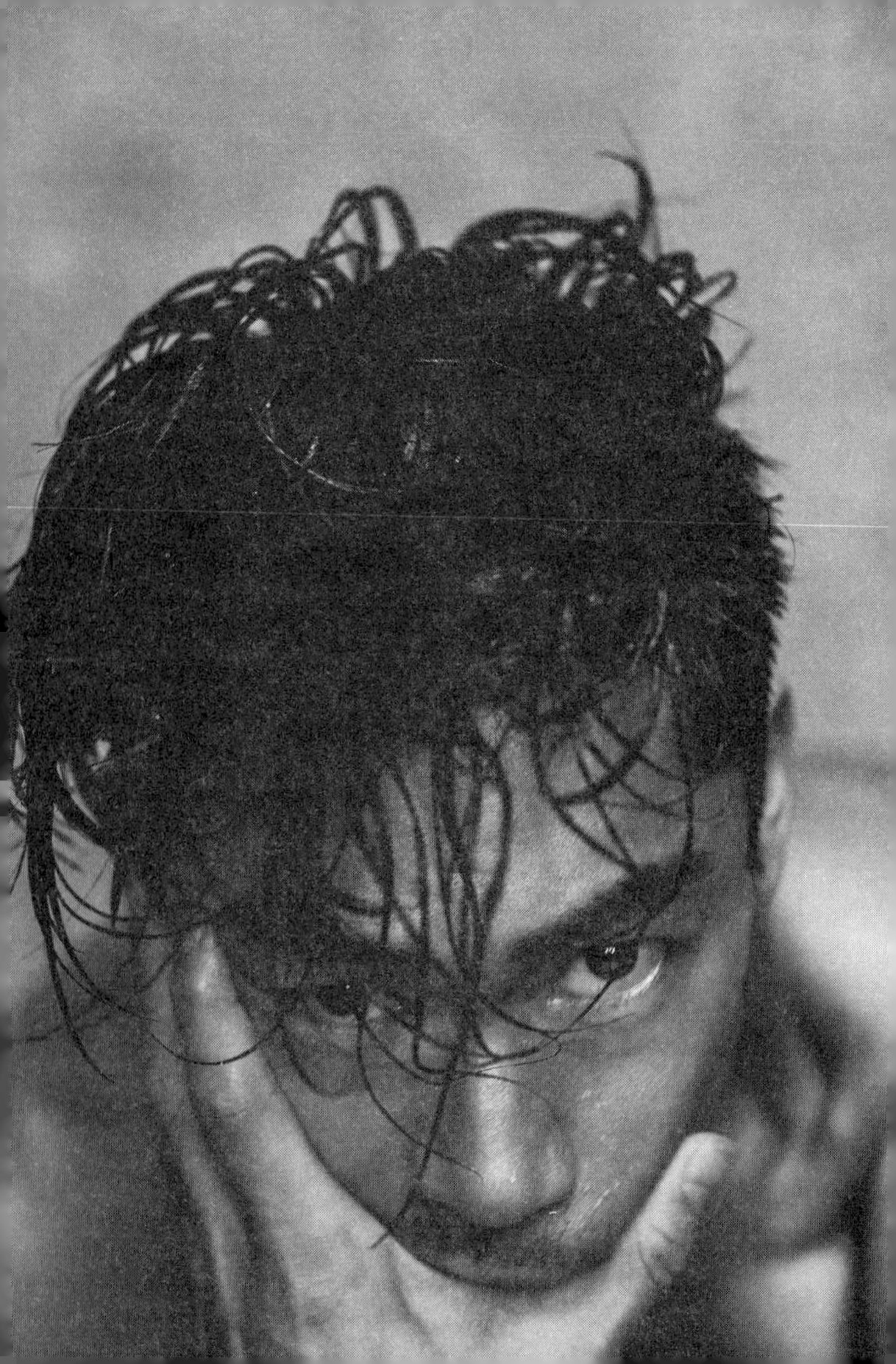

THE FOOL　愚者の魂

EXILE AKIRA

毎日文庫

CONTENTS

はじめに

いままで僕は過去について語ってこなかった。

『THE FOOL　愚者の魂』（単行本）を発売するまでは、インターネットで検索しても「神奈川県横浜市生まれ、静岡県磐田市育ち」とあるだけで、詳しい情報はほとんど出てこなかったはず。

別に僕は秘密主義でもないし、自分をミステリアスな存在にしようとも思っていない。ただパフォーマーとして、ステージの上からたくさんの人たちに「夢」を与える仕事をしている以上、その「夢」がちょっとでも曇ってしまうような情報を、あえて自分から発信する必要はないだろう、という考えがあり、過去のこと、特に幼少期については語ることを避けてきた。

この本を読んでいただければ、すぐにわかると思うけれど、幼少の頃の僕には、将来、ＥＸＩＬＥになって、大きなステージでパフォーマンスをすることになるような要素はまったくといっていいほどなかった。

だからこそ、現在の僕とのギャップを見せることに抵抗があったのは事実。

もっといえば、大人になってから、それこそＬＤＨに入ってからも、これまで言わなかっただけで、本当にどうしようもない日々を送ってきた。

これについては恥ずかしいから話してこなかった、というよりも、思い出すことすら嫌で、自分の記憶に無理矢理、蓋《ふた》をしてきたようなもの。もちろん、そんなことをしても過去は消せない。それでもなんとか消したかった。

それだけひどくて、情けなくて、二度と戻りたくない青春時代の話も、はじめて赤裸々に明かすことを決めた。


こうやって自伝のような本を出す機会をいただいたが、いままでの僕だったら、それこそＥＸＩＬＥに入ってからのエピソードで一冊まとめようと考えていたと思う（それでも少なからずファンの方が抱いている「ＡＫＩＲＡ像」とはギャップが生じてしまうとは思うけれど……）。

ただ、この歳になったからこそ、違う考え方ができるようになった。

過去は財産だ。

これは僕だけではなく、すべての人間に言えることだが、過去の経験があるからこそ、現在の自分が存在するし、それはこの先の未来にも繫《つな》がってくる。

失敗もたくさんしてきたし、かっこ悪いこともたくさんあった。

そういった過去を封印すれば、これまでの人生はとても美しいものになる。

でも、人生はそんな綺麗《きれい》事ばかりじゃない。

これまでに失敗を繰り返してきたからこそ、人間は「危機回避能力」を身につけることができる。


もっとも、僕の場合、周りの人たちが思っているよりも、ずっとずっと弱い人間で、若い頃には肝心なところでカーッと熱くなってしまいがちだったから、同じ失敗をしてしまってから「しまった、やらかした！」と反省することも少なくなかった。だから、きっちりと危機を回避してきた、と言いがたい部分はある。

それでも失敗してしまったあとに、どうすれば最悪の状況に陥らず、立て直すことができるのか、ということは過去の経験からわかってきたし、必要以上に傷口を広げることはない。そして、同じ失敗を二度は繰り返しても、さすがに三度目は回避できるようになる。

状況や立場は変わっても、どこかで人生は同じサイクルで回っていると思う。

だから、過去は財産になるし、失敗を経験している人間ほど、そこからのリカバリー法を知っている。それは本当にストロングポイントになると思うし、ある意味、人生の困難を乗りこえる方法をわかっている、とも言えるだろう。

この本のもとになった単行本の刊行は、僕の37歳の誕生日。

そして、2年半の間、充電期間に入っていたEXILEが復活したタイミングとも重なっていた。その時期だからこそ語っておきたいこともたくさんあったし、これからのEXILEに対しての「決意表明」もしたい。

そう考えたとき、この年齢になってかたくなに過去について黙っているのもどうなのか、と。あまり過去を語ることは好きではないが、過去を見つめ直すことで、現在の僕の考え方がより明確になる。なによりも2年半、EXILEから離れて活動してきたことでわかったこと、気づいたことが、僕が封印してきた過去といろいろな部分でリンクしているんだ、と痛感した。

どんな過去にも、無駄なことなんて、ひとつもない。

だから、この本では自分の生い立ちから記していった。けっしてまっすぐな道のりではないけれど、どうやって僕＝黒澤良平が現在のステージにたどり着いたのかを、ぜひ読んでみてほしい。

第1章

出発

自然と都会

僕が生まれ、育ったのは神奈川県大和市。

ネットなどでは「静岡県出身」になっているけれど、ちょっと違う。

首都圏に住んでいる方以外はピンとこないかもしれないけれど、けっして都会ではなく、緑も多く、当時は子どもが遊べる自然がたくさん残る街だった。

いまになって思えば、この環境で育ったことが、自分を形成する上で、かなり重要なポイントになっている。


僕は昭和生まれ。

とはいっても、小学生になってすぐに平成に変わった。

年号的には、ある日を境にいきなり昭和から平成へと変わったけれども、街並みはそんな急には変わらない。のちに静岡県磐田市に引っ越すことになるが、大和市も磐田市もがっつりと「昭和」感が漂う街だったから、僕は平成になってからも、かなりの時間を昭和的な環境で生きることができた。これはとても得がたい経験だし、なにげに大きな財産になっているな、とつくづく感じる。

平成生まれの人たちは、まったく意識することもなかっただろうし、昭和40年代生まれの人たちは、平成になる頃には、もう大人になっていた。

だから昭和50年代生まれで、なおかつ「昭和的な風景」で育ってきた自分たちは、ふたつの時代の狭間《はざま》で、ものすごく貴重な生き方をしてきたんだと思う。

特に僕の場合、さらに違った過ごし方もしていた。

母親が横浜生まれで実家があったから、休みのたびに僕を連れて横浜に遊びに行っていた（小学2年生くらいまでは夏休みをまるまる横浜で過ごしていたことも）。親父の仕事の都合で静岡県磐田市に引っ越してからも、しょっちゅう横浜の母方の実家に行っていた。だから、僕は自然に囲まれて育ち、休日は大都会の空気を吸って生きてきた。

磐田市に引っ越し、茶畑や田んぼ、みかん畑に囲まれる生活を送るようになっても、すんなりと適応できたのは、都会の横浜ではなく少し離れた大和市で育ってきたからに違いない。

昭和と平成。

自然と都会。

まったく違う文化を同時に味わい、それが体に染みついているというのは、表現者として、本当に贅沢《ぜいたく》なこと。きっと、そういう環境下で育ったからか、幼稚園の前から静岡で暮らしていたのに「遠州弁」に染まらなかった。逆に横浜弁も身についていないので、ものすごくフラットに育てられたんだろう。

漫画家という夢

自然豊かな街で育ったといいつつも、幼少期の僕はけっこうな「インドア派」だった。ちょうど『機動戦士ガンダム』のプラモデルが流行《はや》っていた頃で、暇さえあれば作りまくっていた記憶があるし、そもそも図工や美術の成績もよかった。

そして小学校低学年のときには、そっち方面で食べていこう、と意識するようになる。

僕は本気で漫画家になろうと思っていた。

当時は『ドラゴンボール』や『Dr．スランプ』でおなじみの鳥山明《とりやまあきら》先生に憧れていて、自由帳に鳥山先生の漫画を真似《まね》て描いては、友達に読ませていた。

この「友達に読ませる」というのが大きなポイントで、ただ漫画を描くだけでは満足できなくて、友達が読んで楽しんでいる姿を見るところまでがワンセット。みんなが笑ってくれる姿を見て、喜びを感じ、その喜びをもっと味わいたいから、また漫画を描く。

それは、僕がいまステージでパフォーマンスをして、お客さんに喜んでもらっていることと、かなりリンクしている。

ケータイもなかったし、日常のエンタテインメントはすべて自分たちの「手作り」だった。

漫画家にはなれなかったけど、自分の「手作り」のもので喜んでもらう、称《たた》えていただく、という意味では、いまの自分はあのとき夢見ていた未来と、かなり近いところにいるんじゃないか、と思っているし、僕が手掛けるものには、無意識のうちに「手作り感」が漂っているような気がする。

幼い頃の夢なんてぼんやりしたものが多いと思うけど、僕はかなり本気モードに入っていて、小3のときには親に頼みこんでプロの漫画家が使うようなGペンをねだって買ってもらい、それで描くことにもトライしていた。でも、「こんなんで漫画を描くなんて無理だ！」と結局、挫折してしまう。

もし、あのときにGペンでもスラスラ描けていたら、僕はステージに向かうことなく、漫画家への道を一直線に突き進んでいたのかもしれない。

だから、小さな挫折も大きな挫折も、すごく大事だ。

挫折は本当に自分に向いているものや、進むべき道を教えてくれる。Gペンを握って、挫折を知ったことで、僕はEXILEになれたようなもの。多少、背伸びをしてでも、本格的にトライすることで、意外な道が拓《ひら》けてくるかもしれない。

なにげないひとこと

もちろん外で遊ぶことも大好きだった。

すごく活発な子どもだったと思う。その反面、ある時期までは、かなり控えめな男の子だった。

これは親の教育方針が大いに関係している。

特段、厳しい家庭に育ったわけではないけれど、「ルールを守れ」と教えられた。人として当たり前のことを、とても大事に考えている両親だった。

言葉で表現するのは難しいけれど、すごくていねいにしつけられたような気がする。

実際、友達の家に遊びに行っても、いつも友達のお母さんに褒められていた。

「黒澤くんはえらいね。家に上がるときに、ちゃんと靴を揃《そろ》えるのね」

僕としてはごくごく当たり前のことをやっているだけで、特段「いい子」でいようとは意識していなかったから、親のしつけがしっかり身についていたんだろう。

そういうことに厳しかったのは母ちゃんだった。

逆に親父は僕になにも言わない。生まれてこのかた、親父に怒られた記憶はまったくない。のちのち、とんでもないことをやらかすのだが、それでも親父は怒らなかった。唯一、ちょっとヤンチャになってきた自分に忠告してくれたのが「人の顔だけは、なにがあっても殴るな」だった。

本当に親父はいつも穏やかで、いつも笑っていた。

怒らないだけでなく、家に帰ってきても絶対に「疲れた」とは言わない。

いまだからわかるけど、そうやって無言のうちに「男とは？」ということを、親父は教えてくれていたのかもしれない。

そんな両親の教えを素直に受け入れた僕は、みんなと遊ぶときもそれをきっちりと守っていた。

滑り台で遊ぶときも、ちゃんと列に並んで待つ。

当たり前のルールだけど、子どもはけっこうこれを守らない。どんどんズル込みしてくるし、ついには滑り下りたあと、滑り台を逆走して連続で滑る連中も出てくる。次は僕の番なのに、下から逆走してきた友達に「どけ！」と言われて、順番を破られる。おとなしく並んでいたら、なかなか楽しめない。

そこには若干の疑問を抱きはじめていた。

「ルールをちゃんと守ることで、俺だけ損してないか？」

それでも、僕は真面目《まじめ》にルールを守り続けた。

そこに追い討ちをかけるように、決定的な出来事があった。

それはある女の子のひとことがきっかけだった。

周りの友達からも言われていたし、僕もなんとなくは感じていたけれど、その子はどうやら僕のことが好きだったようだ。

小3のある日、いつものようにみんなと仲良く遊んでいるとき、その子はこう言った。

「黒澤くんって、マジメで優しすぎるんだよねぇ」

女の子には優しくしなさい、という親の教えをクソ真面目に守っていたばかりに、その女の子に「優しすぎてつまらない男」と突きつけられた。

なんだよ、コレ！

損をするだけじゃないか、バカバカしい！

このひとことで僕の人格は小3にして一変する。

あとから知ったが、その子は僕がほかの女の子にも優しく接していたことに対するただの嫉妬から、そんなことを言ってしまったようだった。

こうして僕は親が見ていないところでは、どんどん不真面目になっていった。いまから振り返れば、たいした出来事ではなかったのに、と自分でも思う。大げさに語るほどのことではないが、こんななにげないひとことが誰かの人生を変えることもあるのだ。

スポーツ少年

子どもの頃は、とにかくたくさん習いごとをしていた。

別に親が教育熱心だったというわけではなく、「友達が通っているから、僕も行きたい」みたいな流れで、どんどんやることが増えていった。

定番だった習字にそろばん。

みんなやっていたし、習字に関しては終わったあとにもらえる飴《あめ》玉が目当てで通っていたようなものだ。そろばんはゲーム感覚だった。検定を受けて、それをクリアするとバッジがもらえるから、ほどよいスパンで達成感を味わえた。

週7日のうち、なにも習いごとに行かない日は1日しかない。なかなかのハードスケジュールだったけど、多くの友達が習いごとに行っていると、その時間は遊んでくれる友達がいなくなってしまう。だったら、自分も一緒に通って、友達と会ったほうがいいし、帰り路《みち》に駄菓子屋に寄る、という楽しみもあった。ちょうど公園とそろばん塾、そして駄菓子屋が同じエリアにあって、そのトライアングルゾーンは僕たちのたまり場になっていた。ある意味、子どものための「社交場」。だから、ムリなく楽しく通えていた。

ピアノ教室にも通った。

姉ちゃんとの連弾で発表会に出たこともある。

たくさん習っていたのは、僕の家が教育熱心だったというよりも、地域自体がご近所付き合い感覚で子どもたちの面倒をみてくれたというような感じ。要は環境に恵まれていたのだと思う。

ただ、自分からどうしてもやりたい、と思って通っていたわけではないから、そこまで夢中にはなれなかった。水泳のスクールには6年間通ったけれど、やっぱりスポーツには身が入る。

本格的にスポーツに向き合ったのはバスケ。

小3のときにクラブチームに入ったけれど、とにかくそこがめちゃくちゃ厳しいチームで、僕ははじめてスポーツの過酷さや、真剣に向き合うストイックさを知ることになる。それはのちに中学、高校とスポーツ漬けの生活を送る原体験となった。

でも、小学生の僕はそれでもあり余る体力を持て余していた。

バスケの練習がない日曜日にはサッカーで汗を流す。地元の少年団的な小学生だけの弱小チーム。いちおう協会に登録はしていたけれど、メンバーが10人しか揃わない、なんてこともよくあった。いわば「草サッカー」というやつだ。

試合中もハーフタイムになると、友達のお父さんが差し入れてくれたケンタッキーのフライドチキンが出てきたりしたことも……。それを試合中にもかかわらず楽しく食べていたから、スポーツを極めるような感覚とはちょっと違ってはいた。

だからといってレベルが低いのか、といったら、そうでもないのがサッカー王国・静岡県の奥深いところ。強豪チームのジュニアクラブがたくさんあるので、とにかく子どもでもレベルがものすごく高い。

それは草サッカーでも同じ。

大きな工場がたくさんある磐田市には、南米から働きに来ている人たちがいっぱいいた。近所をブラジル人やアルゼンチン人のおじさんが普通に歩いていたり、団地の隣の部屋にブラジル人が住んでいるなんてことも当たり前だった。

そういうおじさんたちのサッカースキルがめちゃくちゃ高い。これはもう文化の違いというか、風土の違いというか、根本的に日本とは別モノだと思ってもらっていい。

草サッカーでコーチをやってもらっていたアルゼンチン人のエドワードも、めちゃくちゃサッカーが上手で、とにかく優しいおじさんだった。完全に少年団の子どもたちにとってのヒーローだった。

エドワードの素性というか、サッカーのキャリアはわからない。きっとほかにもいたコーチと職場が一緒だったりして、その関係で僕たちに教えてくれていたんだろうけど、間違いなく「世界」を感じることができた。サッカーの技術だけではなく、日本人ではちょっと見たことがないような濃すぎる耳毛のインパクトは、いまでも目に焼き付いている。

海外に留学しなくても、磐田市にいながら世界を感じ、学ぶことができる。このことは、のちにダンスをやっていく上で、僕にとっての大きなモチベーションへと変わっていく。

そして、草サッカーのメインコーチだった池田さんという方から教わったことは、いまも大切に心に刻んでいる。

「常に体に感謝しなさい。お風呂に入るときには、自分の体に語りかけて感謝するんだ」

このコーチからは、サッカーの楽しさや礼儀、仲間と楽しむ大切さを教えてもらった。

もう1人忘れられない人がいる。前日に深酒をして、いつもお酒のにおいを漂わせていた監督がいた。

その後、監督は亡くなってしまったのだが、自分の身内ともいえるような人が亡くなったのはそのときがはじめてだった気がする。

弱小チームだったけど、草サッカーならではのサッカーを楽しむという姿勢を教えてくれたのは、まぎれもなくこのチームだったし、このときの監督やコーチだった。

サッカーとバスケの「二刀流」

地元の城山中学校に進学するにあたって、僕ははじめて人生の岐路に立たされる。

それは「バスケを続けるのか?」「サッカーをやるのか?」という二択。

サッカーは草サッカーの域を超えなかったけれど、バスケは厳しい指導を受けたこともあって、自分でもメキメキと実力がついていることがわかっていた。

さらにキョースケという親友にして最高のライバルにも出会うことができた。やっぱりスポーツはレベルの高いライバルができると、お互いに刺激し合うから成長も早くなる。だから、きっとキョースケも、中学になっても、このまま僕と一緒にバスケのコートでプレーしていくものだと思っていたはずだ。

いや、キョースケだけじゃなくて、親もコーチも友人も、みんな僕がバスケを続けるものだと思い込んでいた。


でも、さっきも書いたように、ある女の子のひとことで性格が一変してしまった僕は、小学4年から6年ぐらいの時期は、反抗期が絶賛発動中だった。

そういう時期に周りから「バスケやるんでしょ?」「バスケを続けたほうがいいよ」と言われまくると「うるせぇな!」と思ってしまう。

気がついたら「いや、俺は中学に行ったらサッカーをやる!」と宣言してしまっていた。

草サッカーを通じて、サッカーをやることの楽しさはよくわかっていたし、1993年に開幕するJリーグの影響で、世間的にもサッカーが大いに盛り上がっていたけれど、僕にはもうひとつ大きな理由があった。

それは「1点の重み」。

バスケの場合、最終的な得点はかなり大きくなる。NBAとかを見ていると、平気で100点以上のスコアになっている。

僕はそれに少しひっかかっていた。

「これじゃ一発、シュートを決めても記憶に残んねーじゃん」

記録より、記憶。

1点の重み、1点の記憶が桁違いに大きいサッカーのほうがやりがいがあると、当時の僕の価値観では思ったのだ。

もちろん周囲からは「もったいないからバスケを続けたほうがいい」と止められたけれど、絶賛反抗期中の僕は聞く耳を持たなかった。

そこで小学生のときにバスケを教えてくれていた太田コーチが折衷案を出してくれた。

「中学のサッカー部に入るのはいい。ただ、週に1回だけ、私のところでバスケをやらない？」

コーチは自分の娘さんたちや、キョースケたちが所属する城山中学校バスケ部のスキルアップのために、ボランティアで、毎週水曜の夜に体育館でバスケを教えていた。

僕とキョースケがライバルとして高め合い、成長してきた軌跡を見てきたコーチとしては、その関係性がここで途切れてしまうのはもったいないと思ったのだろう。

自分たちも勝手に、あの人気バスケ漫画『スラムダンク』の流川楓と桜木花道（「終生のライバル」にして名コンビ）だよな、と思っていたので、こういう提案には内心ニヤニヤしていた。

結局、僕は太田コーチの提案を受け入れて、学校のサッカー部で活動しつつ、週に1回だけバスケの練習に参加する「二刀流」で中学生活をスタートさせることにした。

このときは、まさかこの決断が自分の体を苦しめる事態を引き起こす原因になるとは思ってもいなかった。

一匹狼の暴走

僕が通う中学校と同じ学区になる、隣町の小学校はサッカーの強豪校だった。そのサッカー部の子たちが通っていた少年団もめちゃくちゃ強い、草サッカーの僕たちとは、まったくレベルが違う強豪チームだった。

中学でサッカー部に入ったら、そんなチームでバリバリやっていた連中とレギュラーを争わなくてはいけない。これは生半可な覚悟では勝つことができない。

隣町の小学校出身の子たちは、中学に入ってからもその少年団の練習会に参加しているということを知った僕は、入学して早々、過激な単独行動をとることにした。

それは隣町の少年団に入る、ということ。

いわば単独での殴り込みだ。

これからライバルになっていくであろう連中と闘っていくには、そいつらと同じレベルにならないとまず勝てない。ハーフタイムにフライドチキンをパクついているようなのほほんとした環境は、ただサッカーをやるだけだったら、こんなにも楽しい空間はないけれど、絶対に勝負にならない。

だから、あえて隣町のチームに食い込んでいった。

これはいまでも変わっていないけれど、基本的に自分は「一匹狼」タイプだと思っている。

その意識が強烈になったのが、まさにこのときだった。

「絶対にレギュラーになりたい！」

「俺はここで成り上がってやる！」

もし、そこそこ実績のあったバスケを続けていたら、こんな反骨心は生まれなかっただろうし、いま、ＥＸＩＬＥの一員としてステージに立っていないかもしれない。自分の「本質」と向き合えたのが、中学校でのサッカー体験だった。

ただ、現実はそんなに甘いものではなかった。

サッカーのうまい隣町の連中が幅をきかせていた中学のサッカー部では、あの弱小チームにいたヤツだろ？　とナメられていた。

ある日、その幅をきかせていた部員が、体調を崩していると言って部活に出ていなかったのに、勝手に僕のボールを持ち出して校舎裏で遊んでいた。

『キャプテン翼』に「ボールは友達」という名言があるけれど、一匹狼の僕にとっては「ボールだけが友達」状態だった。

日頃から鬱憤《うっぷん》が溜《た》まっていた僕は、そいつの行動にカチンときてしまい「お前ら、俺の友達になにしやがる！」とブチ切れてしまった。

それがきっかけで、ようやく試合に出られるようになっても、僕のところだけにパスが回ってこない、なんてことも何度となくあった。

あくまでも11人のチームで闘っているけれども、その11人の中でも「隣町の10人と、ヨソ者の俺1人」という奇妙な敵対関係が存在していた。

ひょっとしたら、周りからはイジメのように見えていたかもしれない。

僕の反骨心はこういうときこそ燃え上がる。

パスが回ってこないなら、強引に味方からでもボールを奪う。

そして強烈なシュートを決めて、得点をゲットする。

一匹狼ならではの気ままな暴走だが、ちゃんとチームには得点で貢献しているから、誰にも咎《とが》められることはない。

そんな暴走を続けていくうちに潮目が変わった。

「さっきのシュート、やべぇな！」

「なかなかやるじゃん！」

パスを拒絶していた隣町の連中が、徐々に僕の力を認めてくれて、まずは「言葉のパス」を回してくれるようになった。一匹狼で生き残っていこうとしたら、強引にでも結果を出して、実力で周りを黙らせて納得させるしか方法はない。

まずカマして、とにかく結果を出す。

スポーツだけではなく、人生全般に通用する処世術を、僕は中学生にして身につけていたことになる。


実はこの話には、後日談がある。僕に対していやがらせをしていた部員の中心にいたヤツが、中3のときにいじめられる側に回ってしまったのだ。

僕は、自分がいやがらせをされていたから、その辛《つら》さがすごくよくわかる。だから、放置しておくことはできなかった。僕は彼となるべく一緒にいるようにした。

そして、のちに僕は磐田東高校に進学することになるのだが、そのとき、そいつも一緒に進学をした。思いがけなく、縁は繋がっていった。

はじめての選択

中学生になって劇的に変化したことがある。

それは身長だ。

中学に入るときに151センチだった僕の身長。たぶん、それは当時の標準くらいだったと思うけど、中学を卒業するときには181センチにまで急成長していた。

つまり中学の3年間で30センチも伸びたことになる。

いかに成長期だとはいっても、極端すぎる。これだけ急激に背が伸びると、朝起きたときから激しい痛みがあった。いわゆる「成長痛」というやつで、全身が軋《きし》みをあげて、肉体の激変を伝えてくれていたのだ。

ただ、それで部活を休もうという発想は当時の僕にはなかった。

自分のチームなのにアウェーのような状況の中で、やっとレギュラーをつかんだんだから、ここで休んだら、その座を誰か奪われてしまう、という恐怖心があったからだ。

一方で、週に一回のバスケの練習も並行して続けていた。

きっと、どちらかひとつでも大きな負担になっていたのに、とことん「二刀流」にこだわったことがオーバーワークへと繋がってしまった。さすがにこれ以上、続けていくのは危険だ、と自分でもわかったから、中2になったところでバスケはやめることにした。

ヒザの違和感はいつしか腰の痛みに変わり、次第に耐えられない激痛になって、ついには朝、ベッドから起き上がれなくなった。もっといえば立てなくなってしまったのだ。

たまらず飛び込んだ病院で告げられた病名は「脊椎《せきつい》分離症」。それも相当に悪化していて、これ以上、悪くなったら下半身不随になる可能性もある、という耳を疑うような診断だった。

小学生の頃からスポーツに熱中してきた僕には、あまりにもショッキングな宣告だったし、とにかく休むことしかできない、という絶望的な状況に呆然《ぼうぜん》とするしかなかった。

それでも幸運だったのは、浜松市でいい医師に巡り合えたこと。結局、半年は運動を休まなくてはいけなくなったけれど、医師の処置が適切だったことで、僕は下半身不随の危機を回避できた。本来は腰にメスを入れなくてはいけないところを、その医師は手術をせずに、まず腹筋をつけて腰を支えることを意識しつつ、体のバランスをとる器械で僕を快方に向かわせてくれた。

いま、こうやってダンスを続けられているのも、あのとき治療してくれた医師のおかげだ、といまでも感謝している（ちなみに、いまの僕の腹筋は、EXILEに入ってから鍛え上げたものではない。この成長期の痛みの「証《あかし》」として、リハビリの際に刻まれたものなのだということも付け加えておきたい）。

こうして「二刀流」をやめて、サッカー一本に絞ったのだが、中3のとき、バスケ部から思わぬラブコールを受ける。

体育の授業でバスケをやったとき、僕のプレーが異様にうまいことに、バスケ部の顧問でもあった体育の先生が驚愕《きょうがく》したのだ。僕が小学校でバスケを経験し、中学に入ってもこっそり練習を続けてきたことを先生は知らない。だから「黒澤、お前、どうなってんだ?!」となり、先生は僕に「中学最後の大会に助っ人として、バスケ部員として参戦してくれないか？」とオファーしてきた。

よくよく考えたら、中学生で180センチ以上あったら、もうそれだけでバスケでは大きな武器になる。キョースケからも「黒澤、最後に一緒にやろうぜ」と誘われた。そもそもバスケが嫌いになってサッカーに走ったわけじゃない。反抗期に意地を張ってしまっただけの話で、キョースケと名コンビを復活させて、中学最後の大会で勝利を収める、という光景は、ちょっと想像するだけでも、まるでスポーツ漫画の最終回みたいでなかなか魅力的なオファーだった。

でも、3年間、張り続けてきた意地を曲げることは、僕にはできなかった。

「ごめん、キョースケ。やっぱり俺はサッカーで全国を狙いたい。お互いの道で頑張ろう」

結局、強豪揃いのサッカーの世界では、全国大会どころか県大会にも進めなかった。もしあのとき要領よく1日限定でバスケ部員になっていたら、どうなっていただろう？

人生を大きく変えたかもしれない瞬間がそこにあった。

「不良」と「初恋」

基本的にサッカーに青春を燃やした中学の3年間だったけれど、バスケにまつわるとても思い出深い出来事がある。

まだサッカーとバスケを両立していたときの話だ。

当時、僕の中学でいちばんヤバいと言われていたヤンキーの先輩がバスケ部にいた。

彼は、その地域全体をシメる有名なド不良で、授業にはろくに出ていないけれど、部活にだけはちゃんと出て真面目に練習をしていた。バスケだけはこよなく愛していたのだ。

あるとき、僕が通う太田コーチのクラブチームと、その先輩がいるバスケ部（キョースケも所属している）で合同練習をするということになった。

「うわ、やべえ……」

実はその数カ月前に、たまたま目が合っただけなのに、先輩から「ガンつけてる」といちゃもんをつけられていたのだ。翌日から怖い先輩集団から目をつけられ、びくびくしながら過ごす毎日。中学生ならではの、くだらない「あるある話」だ。それが、合同練習でバッティングすることになってしまったのだ。

紅白戦で直接ぶつかったとき、最初は怒らせないように先輩に気をつかってあえて加減をしたり、避けたりしていた。だけど、スポーツはスポーツ。僕は次第に本気になり、スキルの差を見せつけて、ことごとく叩きのめしてしまったのだ。

休憩中に気まずさを抱えながら、水飲み場にいた僕は、背後に殺気を感じ、ハッと振り返った。先輩だ。

「お前、あのとき、俺にガンつけただろ」

「え?」

ヤバい、ボコられる……終わった……と思ったそのときだった。

「お前のほうがバスケうまいから、これからアニキって呼ぶわ」

そんな謎の展開になり、それ以来、先輩はすれ違うたびに「アニキ〜」と冗談交じりに声をかけてくるようになった。周りの怖い先輩たちは、僕に対してどう接していいかわからずバツが悪そうにしている。そんな謎の関係が生まれたのだった。

こんな急展開も中学生ならではの「あるある話」だ(笑)。

バスケに救われた……そう思えた瞬間だった。あとにも先にも、こんな形でバスケに感謝したことはない。

こんなゴタゴタなんて、10代の頃には誰にでもよくある話かもしれない。だけれど、それくらい毎日が刺激的に変化するのもこの年代ならではのことだろう。自分にとって懐かしく、忘れられない思い出のひとつだ。

スポーツをするとき以外は、もちろん普通に友達と遊んだりもしていた。

いま振り返ってみると、自分の仲間の作り方は、この頃からなにも変わっていない。10代でつるんでいた友達を思い出すと、まるでＥＸＩＬＥのメンバーのような感じ。自分が友達を選ぶ「ルール」は、まるっきり同じなんだろう。

いわゆる不良とも仲がよかったけど、自分が目指す目標や夢への障害になるようなことには、絶対に足を踏み込まないようにしていた。

暴走族をやっている友達もいた。

幼稚園からずっと一緒にいたヤツがただ暴走族になっただけで、自分にとってはそいつらと友達でいることにはなんの違和感もない。

砂場で遊んでいた延長で、単車にまたがっているだけ、そんな感覚だった。そいつらと遊ぶときは、自分も自然とバイクにまたがっていた。

ただ、学生時代の僕にはサッカーというやりたいことが明確にあった。そっちにまっしぐらに進みたかったから「付き合い悪いな」とブーイングを飛ばされながら「今日は練習があるから」と断ることも多かった。

ここは踏み込むべきか、踏み込まないべきか。

そうしたことを考えて付き合っていたところがある。そうした僕の「ルール」はその後もずっと変わらない。


遊びに行くといっても、中学生だと浜松に出るのが精いっぱい。

磐田から東海道線で約10分。磐田にはないおしゃれな古着屋を覗《のぞ》きに行ったり、ゲーセンやカラオケボックスで楽しんだぐらい。

当時はバンドブームだったからX JAPANやBUCK-TICK、LUNA SEA、GLAYあたりの曲を歌えないけど流していたり、とか。まさに「ザ・90年代」。古着屋巡りも当時のスニーカーブームと連動していて、スニーカーに合うストリートファッションを探したりしていた。

そういう部分では「平成」だったけど、スポーツの世界はまだまだ「昭和」で根性論がすべて。いまとなっては非科学的だと言われているけれど、当時は「練習中に水を飲んではいけない」というのが常識だった。めちゃくちゃキツかったけど、おかげで鍛えられた部分も確実にあると思う。


もちろん誰もが経験するように、僕にも初恋があったり、はじめて彼女ができたりした。でも当時は携帯電話やLINEなんて一切ない。好きな子との思い出といえば、手紙で思いを伝えたり、待ち伏せをして告白をしたり、10円玉を大量に握りしめて電話ボックスに駆け込んだり……そんな誰しもが通る経験を、僕もしてきた。

いま思えば、そういうアナログな青春も、すごく貴重な経験だったと思う。

ここでは詳しく書かないが、いまやこんなヒゲ面のオジサンも、少女漫画のような恋愛をしてきたのだ（笑）。

そんな甘酸っぱい出来事も含めて、いろいろなことがあった中学校生活は幕を閉じ、激動の高校生活が幕を開けることになる。

第2章

可能性

思わぬ誘い

もっと命がけの日々を送っている人たちからしたら、くだらない選択や悩みに思えるかもしれない。だけど、当時の自分としては命がけで燃やした青春だ。だからくだらないと思う過去でも、あえて語る。

人生の転機。

それは誰にでも何度か訪れる。

僕にとっては中学進学のとき、「バスケを続けるか、それともサッカーをやるか」という岐路があった。

まだ子どもだったし、それが人生の転機と呼ばれるものになるとは思ってもいなかったけれど、高校進学を控えて、バスケか、サッカーか、ふたたび僕の頭を悩ませることになる。

正直、高校に進学してもサッカーを続けることしか考えていなかった。

中学では、3年間レギュラーで活躍したが、これといった大きな結果を残せなかった。

だから、ある意味、高校に入ってからが本番だと思っていた。

熾烈《しれつ》な静岡県の県大会を勝ち抜いて、全国大会に出場する。

あの頃、静岡のサッカー小僧たちは、みんな、同じことを考えていたはずだ。

ここまで夢が明確だと、もう迷うことなんてなにもない。頭の中はサッカーのことだけでいっぱいになっていた。


ところが、思わぬ誘いが飛びこんでくる。

「これからの人生、道は一本だけじゃないんだから、よく考えろよ」

そう声をかけてくれたのは、中学の体育の先生、つまりはバスケ部の顧問だ。

すでに3年の公式戦は終わっているから、バスケ部への復帰要請ではない。バスケをやりたいんだったら、高校への推薦入学を考えてやってもいい、という話だった。

ハッキリとは言わないけれど、どうやら浜松の有名校へ口利きをしてくれそうな気配だ。

これにはさすがに気持ちがグラッと揺らいだ。

その高校は、『スラムダンク』に登場する全国大会出場校のモデルになったと言われているほどの強豪校で、子どもの頃、わざわざ練習試合を見学しに行ったこともある。

「あれっ、ひょっとしたら、これが俺の『本当の夢』だったのかな？」

そう思ってしまうくらい、思わぬ角度からのオファーに心が揺らいだ。

そもそもサッカー部に入ったのも、反抗期ならではのひねくれた感情が理由で、結局、週に1日だけど、バスケの練習も並行して続けるほど、心の底からバスケが好きだった。

このときは、さすがに自分が人生の岐路に立たされていることがよくわかった。

ここでサッカーを選ぶか、バスケを選ぶかによって、高校の3年間だけでなく、その後の人生も大きく変わってくる。だからこそ、迷った。

こんなにも周囲に期待されていたら、普通に考えればバスケを選ぶべきだ。

というか、反抗期のおかしな精神状態になかったら、僕は当たり前のようにバスケを続けていたかもしれないし、そうなっていたら、おそらく高校へもバスケで推薦入学していたに違いない。

きっと神様が「お前が本来、進むべきだった道に一度だけ戻してやろう」とチャンスをくれたのだ。本当は右折すべき道を、わざと左折してしまった僕を、もう一度、中学進学のときに立っていた「岐路」まで戻してくれたようなものだ。

これは相当、ラッキーなことだと思う。

人生をリセットして「元に戻す」なんて都合のいい機会は、なかなか巡ってこない。


冷静に考えてみた。

高校でサッカーを続けたとする。

県内からだけでなく、全国からサッカーのうまい学生たちが静岡県に集結してくる。ここで生き残るのは並大抵なことではないし、県大会どころか、レギュラーの座を勝ちとれるかどうかすら怪しい。

それどころか、サッカーでの進学先が決まるかどうかもわからない。

一方のバスケは、すでに推薦の話もあったし、サッカーに比べたら、自分にとってはもっと可能性を広げるチャンスが多かったかもしれない。180センチを超えていた長身も武器になる。

バスケに復帰するのが賢い選択にも思えた。

だが……僕はあえて、というか、だからこそサッカーを選んだ。

推薦を決めた一発

こういうときにリスクが少なく、うまくいく可能性が高いほうをチョイスする人間が、いわゆる〈賢者〉なのだろう。

その裏を張る自分のような人間は、〈愚者〉ということになる。

ただ、自分で言うのもおかしいかもしれないけど、僕の中には〈賢者〉な自分も存在している。なにをどうすれば得なのかを、冷静に判断できる「もう1人の自分」はちゃんといるのだ。

でも、このときは〈愚者〉の自分ほうが上回ってしまった。

なぜかそちら側を選んでしまう。そんな困難な道を。

天邪鬼《あまのじゃく》というか、反骨心が強いというか……常に僕はそうやって、わざわざ険しい道を選び、歩いてきた。

その大きな第一歩が、高校進学時にサッカーを選んだことだと思う。

前章で「自分は一匹狼タイプだ」と書いた。

一匹狼だったら、チームスポーツではなく、個人競技をやればいいじゃないか、と思う方もいるだろうが、一匹狼だからこそ、周りに誰かいないとつまらない。「和して同ぜず」、そんな位置付けがこの頃から好きだったのかもしれない。

小学生の頃から水泳もやってきた。

練習をして、記録が伸びれば達成感はあるし、それはそれで楽しかったけれども、それはあくまでも「自分との闘い」だ。

これがサッカーやバスケだったら、すごいプレーをやってのけたときにチームメイトや仲間から「すげぇ！」と称賛される。一匹狼にとって、この称賛こそが最高の勲章だった。

一発、カマしてやりたい。

周りを驚かせてやりたい。

僕の高校進学はそんな姿勢から決まっている。そして、思いもよらぬ形でチャンスが訪れた。

中学最後の試合。

もはや勝利は難しく、いわゆる消化試合になっていた。

だからといって、このままなんとなく終わってしまったら面白くない。

「コノヤロー、一発、カマしてやる！」

そんな思いで放ったヘディングシュートが見事に決まり、ただの負け試合では終わらせず、自分なりに爪痕《つめあと》を残すことができた。

まぁ、そんなもの自己満足でしかないのだが、たまたま、この試合を磐田東高校の宮司《みやじ》佳則先生が観戦していた。鬼監督として、地元では有名な人だ。

「いいヘディングを持っているね。なかなか面白いよ」

これがきっかけで、僕は数々のJリーガーを輩出する強豪校、磐田東高校に推薦入学できることになった。


よく「どこで誰が見ているかわからないから、手を抜いていい仕事なんてひとつもない」と言うけれども、僕はそれをまさに身をもって実感している。だから、いまでも、どんなステージであっても絶対に手は抜かない。

あのとき「どうせ負け試合だから……」と気の抜けたプレーをしていたら、宮司先生の目に留まることもなく、僕のサッカー人生、そして、そのあとの人生は大きく変わっていたに違いない。

寝耳に水の高校入試

磐田東高校にはサッカーで推薦入学できるはずだったのに、直前になって、なにやら雲行きが怪しくなってきた。

担任の先生からこう言われたのだ。

「黒澤、一般入試で磐田東を受けることになったから。ちゃんと受験勉強しろよ」

マジか……。

寝耳に水、だった。

そもそもサッカーに明け暮れてきたから、勉強なんてちゃんとやってきていない。いまさら受験勉強をしたところでどうにかなるもんじゃない。

これまでも勉強してこなかった僕が、推薦が決まったとなったら、ますます勉強をしなくなると危惧した先生が、一般入試を受けさせたのだ。

それと、「これから強豪校のサッカー部という厳しい世界に飛び込み、勝ち上がっていくためには、周りの人たちをはねのけてでも勝ち抜く信念を持ったほうがいい。だからこそ、受験という勝負の世界を経験してほしい」という先生の心遣いがあったことも、のちに知った。

もう20年近く前のことなのに、入試の日のことはよく覚えている。

問題用紙をめくった時点で「マジかよ、まったくわかんねー」と頭の中が真っ白になってしまった。

特に数学はどうにもならなかった。

でも、証明問題だったら、とにかくなにか文章を書いて解答欄を埋めておけば、オマケで1点ぐらいくれるんじゃないか？　と思って、頭をふり絞って空欄に答えらしきものを書いていった。

解答はまったく導き出せていないけど「これはたぶん、ものすごく大きな数字になることでしょう」とか。底面積を求める問題では、コップのイラストを描いて、底の部分を真っ黒く塗りつぶして「これぐらいです」とか。とにかく数値じゃなくて、イメージでなんとなくわかっていますよ感を出してみた。大喜利としてはセンスあると思うけど、どれだけこっちの誠意や真剣さが伝わったかは、ちょっと未知数だ。

もはや漫画みたいな話だけども、そのときはとにかく「このままじゃ進学できねぇ！」と必死だった。


正直、落ちたと思った。

試験からの帰り道、友達と「あの問題、どう答えた？」と話していると、僕の解答だけが明らかにおかしい。

「えっ、世界最長の川ってナイル川なの？　俺、利根川って書いちゃったよ！」

一事が万事、こんな感じ。

なんとか入学はできたが、あのときのテスト、何点とれていたんだろう？　いや、知らないほうが幸せなのかもしれない……。

1軍からのスタート

磐田東高校サッカー部での生活は入学式の前から、もうはじまっていた。

中学を卒業し、僕と他校から推薦で入ってきた4人だけが、春休みに入った段階で「練習に参加してください」と招集をかけられたからだ。

その後、俺たちの学年でサッカー部に入ってきたのは、だいたい50人ぐらい。中学のように強豪勢云々《うんぬん》と言っている場合じゃないくらい、将来有望な選手がゴロゴロと集まっていた。

みんな、それぞれの中学で活躍してきたヤツばかりだけど、これだけ人数がいたら、このまま3年生になっても、5人に1人しかレギュラーになれない。とてつもなく狭き門。しかも、その上に先輩方もいるわけで、選手層の厚さはハンパなかった。

普通だったらレギュラーがいて、その下に補欠がいる、という組織図になる。もっと大きなチームでも、高校の部活なんだから、せいぜい1軍と2軍に分かれるぐらいの規模感だろう。

ところが磐田東高校のサッカー部は違った。

だいたい20人ぐらいで構成されている1軍の下に、ベンチ入りの可能性がある2軍が存在する。さらにその下に3軍、そして4軍まであったのだ。

もし、いきなり「お前は4軍だ」と言われたら、それだけで心が折れてしまいそうな勢い。サッカー部全体で120人ほどの部員がいるから、4軍からレギュラーを目指そうと思ったら「100人抜き」をしなくてはいけない。

しかも3軍や4軍だって、そんなにレベルが低いわけでもなかった。実際に2軍のチームが、ほかの県代表に圧勝したりするのは当たり前のことで、単なる補欠やボール拾いとはわけが違うのだ。

そんな中、俺は幸運にもいきなり1軍に抜擢《ばってき》された。

1年生で1軍に選ばれたのは、50人中4人だけ。

だからといって即戦力として評価されたわけでは、けっしてない。

これは監督の方針で、とりあえず若い選手を早めに1軍にブチ込んでしまう。いまはまだ1軍のレベルにはないけれど、3年後のチーム作りを見込んで、あえて荒波に放り込む。それに耐えられないヤツは、所詮《しょせん》そこまで、ということだ。

最初は、そんなことはわからないから「俺、すっげぇ期待されてんだな」と素直に喜んでいた。

自分で言うのもなんだけど、180センチ以上もある男がジャージを着て、フィールドに立っているだけで、なんとなく「めっちゃサッカーがうまい」という雰囲気だけはあった。練習がはじまる前から、ものすごく注目されていることは、先輩たちの視線だけでもよくわかった。こうして、俺の高校生活は最高のスタートを切ったが、そんな夢のような話は長くは続かなかった。

いきなり1軍に抜擢されたはいいものの、中学を卒業したばかりの俺の体格は当然のことながら、中学生レベル。スキルもそうだが、フィジカル面が特に要求された。

それでも1軍のめちゃくちゃ厳しい練習に揉《も》まれながら、なんとかついていこうと必死に食らいついていったが、そんなに甘い世界ではなかった。

俺たちの1年上には本当にすごい選手が揃っていて、Jリーガーを何人も輩出しているほど。とにかくレベルが高かった。

静岡県全体を眺めても、2年上には清水商業高校に小野伸二選手がいた。

資料映像を撮影するために、俺は試合中にカメラを回していたことがあったが、本当は試合全体を俯瞰《ふかん》で撮っておかなくちゃいけないのに、気がついたら夢中で小野選手の姿だけを追いかけていた。レベルがまったく違う。そういう選手が静岡県には山ほどいたのだ。ある意味、とんでもなく高いレベルの中で闘えたわけで、吸収できるものも大きかったけれども、あまりの実力差に絶望感をおぼえることも少なくなかった。

それは自分のチームでも同じ。

宮司監督からは、毎日のように罵倒《ばとう》された。

おそらく、監督としては、俺が「なにくそ!」と燃えてくれることを期待して厳しい言葉をかけたんだろうけど、そのときの俺にはそういう感情は起こらなかった。

むしろ、メンタル的にかなり追い込まれてしまった。

そう、俺はけっしてメンタルが強いほうではなかったのだ。

結果、ものすごく縮こまってしまい、自分本来のプレーができなくなってしまった。1軍のレベルにあるとは自分でもけっして思っていなかったけれど、それでも本領を発揮できれば2軍からレギュラーを狙えるんじゃないか、ぐらいには考えていた。

しかし、監督から言い渡されたのは「黒澤、今日から4軍な」という最後通告だった。

強豪校の厚き壁

1軍から4軍へ。

まさに天国から地獄への転落だった。

一気に100人ぐらいに追い抜かれ、ピラミッドのてっぺんから底辺まで、一夜にして転がり落ちてしまった。まだ15歳だった俺にとって、これはもう屈辱というか、なにがなんだかわからない状況に陥っていた。

とにかく悔しい。

その反面、ちょっとホッとしている自分もいた。

あの厳しい練習に耐えて、過酷なレギュラー争いに参加しなくてもいいと考えたら、気持ちはグッと楽になる。

もちろん4軍の練習も厳しい。でも、やっぱり生温《なまぬる》い空気に包まれていた。

「どうせ、ここから上には行けない」

「俺たちは所詮、ボール拾いだ」

「だったらサッカーを楽しもうぜ」

この生温さに慣れてしまったら、本当に楽だ。もし、最初に1軍に呼ばれることなく、いきなり4軍からのスタートだったら、俺もズルズルとその空気感にのみ込まれてしまったかもしれない。

でも、諦められなかった。

もう一度、1軍に返り咲きたかった。

そのためには、この生温い世界からなんとしても抜け出さなくてはいけない。それにはひたすら練習するしか、俺には方法がわからなかった。

毎日、チームの練習が終わってからも自主練に励んだ。気がつくと、夜9時ぐらいになっていた。家に帰ったら、もう疲れ果てて寝るだけ。目が覚めたら、すぐに朝練が待っている。

文字通り、サッカー漬けの毎日が続いていった。

鬼監督への反抗

なんとか4軍からは脱出できたが、さすがに1軍の壁は厚かった。

2年生の頃には、2軍と3軍のあいだを行ったりきたりするような立ち位置。ベンチ入りして、控えとして試合に出られるときもあれば、3軍に居残るときもある。俺としては、この宙ぶらりんな状態がすごく嫌だった。

そんなとき、合宿が行われることになった。

その合宿は2班に分かれて行うもので、1軍&2軍のA班と、3軍&4軍のB班に振り分けられる。練習メニューも別だし、なによりもどっちの班に振り分けられるかによって、その後のチームでの立ち位置も大きく変わってくる。

周りからも「黒澤はひょっとしたらA班に入れるんじゃない?」と言われていた。同じぐらいのレベルだったチームメイトと俺の2人は、A班に入れるかどうかのボーダーラインに立たされている、と感じていた。

俺はどうしてもA班に入りたかった。

というか、1軍に常駐させてもらえれば、もっと活躍できるという自信があった。2軍と3軍を行ったりきたりするような環境が自分をダメにしている。そう思い込んでいたし、そういう扱いをしている監督に対しても不満が溜まっていた。

このタイミングでなんとしても上にあがりたかった。

「どうなっているのか監督に聞きに行こう」

日頃の鬱憤が溜まっていたこともあり、前のめりになってしまった俺はチームメイトと一緒に監督のもとに今後の処遇を尋ねに行った。

「監督、次の合宿、俺たちはどちらの班でしょうか?」

意をけっして、絞り出した質問に対し、監督は吐き捨てるようにこう言った。

「Bに決まってんだろ」

このひとことで、俺はブチンとキレてしまった。

「ふざけんなよ!」

そう言ってグラウンドにあったカラーコーンをおもいっきり蹴とばした。その姿を見て、友人たちがあわてて「なにやってんだよ」と止めに入る。それはそうだ。県内でも有名な鬼監督が相手。逆らうなんて、タブー中のタブー。俺はとんでもない大事件をグラウンドで起こしてしまったのだ。でも、もう感情は止まらない。

「黒澤、こっちへこい!」

「なんだてめぇ、コノヤロー！」

サッカー部の一員ではなく、ひとりの人間・黒澤良平として噛《か》みついていた。

普通だったら、監督にひっぱたかれて、グラウンドを引きずり回されて終わりだ。これだけの暴言を吐いているのだから、当たり前の話である。

だが、監督は手を出してこなかった。

「文句があるなら、言ってこいよ」

冷静にそう言いながら、監督は腕を後ろで組んだ。手を出さないから、言いたいことがあれば遠慮なく言ってこい、という意思表示。いや、ひょっとしたら、たかだか3軍風情の俺が噛みついてきたことに対する怒りを、必死にこらえていたのかもしれない。

俺は言いたいことは山ほどあった、はずだった。

でも……、まったく言葉が出てこない。


これ以上どうすればいいのかわからないくらい努力をしていた。

それなのに、結果が出ない。いいプレーをしても認めてもらえない。

日々、繰り返される監督からの罵倒。

ときには、俺ら3軍&4軍は2年生でもボール拾いなど、1年生がやるような雑用をやらされていた。だから、一緒に雑用をやらされている仲間への思いもあった。

スポーツの世界はもちろん実力主義なのは理解していたし、チームプレーだからレギュラー選手のためにサポートして、みんなで勝ちにいくことも大切だ。

だけど、あのときバスケをやめてサッカーを選んだ結果がこれなのか、と。あまりにも自分が思い描いていた高校サッカー生活とかけ離れてしまっている。

そうした鬱憤がピークに達し、限界がきていたのだろう。


「うっせーな、このヤローー!」

「なんだよ、ゴルァ!」

まったく内容のない罵詈《ばり》雑言だけが、自分の意思とは関係なく口をついて出てくる。

一切、動揺することなく俺をまっすぐ見つめる監督の目に、ますます言葉がつまる。

情けなかった。

悔しかった。

気がついたら、ポロポロと涙が出てきた。

そんな姿を見られたくなくて「ふざけんなよ、このヤロー！」と悪態をつく。それでも、そんな俺の悪態を、腕を後ろで組みながら顔色ひとつ変えずに聞いている監督の姿を見ていたら、どうにもならない感情が襲ってきた。

負けた。

俺は人間として、この人に完全に負けた。

自分のふがいなさからくる怒りをぶつけていただけだったと、ことごとく気づかされた。グラウンドを転がるカラーコーンが、まるで俺を嘲笑するかのようにコロコロと音を立てて、風に揺られていた。

俺は自分にも負けたような気持ちになって、ただただ呆然と立ち尽くすことしかできなかった。

翌日、親が学校に呼び出され、俺は長い長い反省文を書かされた。

そして監督は静かに言った。

「黒澤、出直せ」

監督の器の大きさと自分のちっぽけさを思い知らされた俺は、ちょっとだけ大人になれたのかもしれない。

鬼監督の素顔

監督は本当に怖い人だった。

あまりに怖すぎて、僕のように食ってかかる生徒もいない。その代わり、恨みを買った生徒に釘《くぎ》で車をパンクさせられたり、車の鍵穴にガムを詰められたり、といった嫌がらせをしょっちゅう受けていた。

実は1年から3年まで、僕のクラスの担任でもあった。

ちなみに磐田東高校は共学だったけれど、僕の通っていた工業科は男子だけ。しかも、僕のクラスは僕のように勉強は嫌いだけど、スポーツ推薦で入ってきた人間や、成績ギリギリですべり込んできた不良ばかり。そんなクラスを任されたら、先生も厳しく接しないとナメられてしまう。

そのときはわからなかったけど、怖い人でいなければクラスを運営していけないから、先生は朝から晩まで怒鳴り続けていたのだろう。

「恨んでもらってけっこう。クソ宮司と陰口を叩いてもらってけっこう。いまは俺の言っていることが理解できないかもしれないけど、卒業してから、そういうことだったのか、とわかる日が来る」


たしかに、いまならよくわかる。

のちに僕がドラマ『ＧＴＯ』に主演することが決まったとき、すぐに宮司先生に話を聞きに行った。自分が教師を演じるにあたって、あの頃、鬼監督と呼ばれた先生がどういう思いで教壇に立っていたのかを知りたかったし、それを役に落とし込みたかった。

「まずは俺を先生、と呼ぶのをやめろ。もう男と男の対話なんだから」

そう言うと、かつての鬼監督は意外な告白をしてくれた。

「正直、何度も教師を辞めようと思っていたんだよ」

あんなに「恨んでもらってけっこう！」とタンカを切りながらも、内面では、そんなに悩んでいたのか、と思い知らされた。

「でも、生徒と向き合うことを諦めたら、その生徒の人生がおかしなことになってしまうし、それこそ俺の教師生命も終わる。だから、強引に生徒の心をこじ開けてでも、生徒と向き合った。向き合うことを諦めなかった。お前みたいな生徒を何十人も相手にするんだから、大変だったに決まってるだろ」

僕の頭の中には、あのとき、後ろで腕を組んで、ジーッと俺の罵詈雑言を受け止めていた先生の姿が浮かんでいた。はじめて、あのときの先生の気持ちがわかったような気がした。

僕の人生を変えてくれた恩師であり、恩人は、とてつもないグレートティーチャーだった。

イングランド遠征での覚醒

なかなか結果を出せないでいた、高校でのサッカー生活。

その流れが大きく変わったのが、高3になるときだった。

約2週間のイングランド遠征。このときもまだ3軍と4軍で構成されているB班に組み入れられていた。

ただ、フィールドに立った時点で、なにか不思議な感覚をキャッチした。

自分のようで、自分ではないなにか、を。

よくアスリートが「ゾーンに入った」と表現するが、あのときはまさにゾーンに入っていたんだと思う。

海外というまったく違う環境で精神的に解放されたのかもしれないし、外国人のコーチの指導もぴったりマッチした。自分でも「なんだよ、まるで別人みたいじゃないか」と感じるぐらい、動きがよくなっていることがわかった。

実際、紅白戦に出場するとコーチたちが驚愕した。

「どうなってんだ？　まるでヒデ（中田英寿）ばりの動きをしているじゃないか！」

いまになって思えば、その場に鬼監督の姿はなかった。それが精神的にいい結果をもたらしていたのかもしれないけれど、なによりも「あぁ、俺って海外のほうが肌に合うんだな」と強く感じた。

海外の自由さと日本の窮屈さ。

もちろん僕は日本が大好きだし、日本人としての誇りや礼儀の素晴らしさをすごく大事にしている。だけど、どこかある種の窮屈さを感じていたのだろう。たった2週間で、こんなにも動きが変わるんだから、自由な風土でこそ伸びるタイプなのかもしれない。

いま、海外で活躍する日本人アスリートが増えたけれど、彼らもきっと僕と同じような気持ちなんじゃないかな？　実力を引き出してくれる環境というのは、間違いなく存在するし、偉そうな意味じゃないけど、僕はいまでも海外向きな人間だと思っているぐらいだ。


イングランド遠征での覚醒ぶりが評価され、日本に帰ると、俺は2軍に昇格。3年生になって、ようやく試合に出られるようになった。

気がつけば、最初は50人もいた同期生が、この時点で8人にまで減っていた。なによりも厳しい練習についていけなくなって脱落していく仲間が多かった。中学での実績が俺なんかよりも全然上だった有望株もどんどん姿を消していた。

さっきも書いたように、ひとつ上の先輩たちがJリーガーを何人も輩出する黄金世代で壁が厚かったこともあるし、ひとつ下の世代も県内から伸び盛りの選手がたくさん集まってきて、本当に強かった。

まさに俺たちは「狭間世代」だったのだ。

残った8人も、周りからは「なんだか一番使えないヤツばかりが残っちゃったな」と評された。『キャプテン翼』でいうところの翼くんや日向くんみたいなエースストライカータイプは続々と離脱してしまい、なぜか「顔面ブロック」で有名な石崎くんタイプばかりが8人も残った。

その中でもなんとか食らいついて、試合に出られるようになったのは、やっぱりイングランド遠征のおかげなんだろう。

しかし、試合に出て、海外で学んできた戦術を少しでも出そうとすると、監督は容赦なくベンチに下げた。

「黒澤、ここはどこだ？　日本なんだよ」

ちょっと前までだったら、この言葉にカチンときて、監督に反発していたんだろうけど、それすら受け止めることができたのは、自分のプレーに自信を持てるようになっていたからだと思う。

俺のサッカー生活は、まさにクライマックスを迎えようとしていた。

ダンスとの出会い

高校の3年間はサッカー漬けの生活だった。

遊ぶ時間すらなく、朝から晩まで罵倒され、泥だらけになって、ずっと練習ばかりしていた。

だから、サッカー以外にこれといった趣味もないし、吐き出し方を知らなかった。田舎に住んでいると、吐き出すような場所もなかなかない。

そんなある日、クラスの友達が妙な動きをしていることに気がついた。

「なにやってんの?」

「ダンスだよ」

このとき、はじめてダンスというものを意識した。

もしかしたら、どこかで現実逃避をしたかったのだろう。

もちろんダンスという単語は知っていたし、光GENJIがローラースケートをはいて踊ったり、HIROさんのいたZOOがかっこいいパフォーマンスを披露している姿はテレビで観て知っていたけど、ダンスとはそうやってテレビで観るものであって、自分でやるものだとはまったく考えたこともなかった。

周りでもやっている友達はいなかったし、クラスでもそいつが休み時間に1人で黙々と練習しているだけだった（よくよく観察してみると、授業中にも小刻みに体を動かして、ダンスの練習をしていた）。

最初は「へぇ～」ぐらいにしか思っていなかったけど、ロボットダンスのような不思議な動きに一気に引きつけられた。

「俺にもできるかな？」

「できるよ。ちょっとやってみる？」

そう言って、彼は俺の前でダンスの基本的な動きを見せてくれた。

実を言うと、僕はダンス教室に入ってちゃんと勉強をしたことがない。だから、教室の片隅でクラスメイトと遊びながら踊っていた流れで知った基礎が、現在まで続いているパフォーマーとしての基幹になっているようなものだ。

そいつに教えてもらって、はじめてＨＩＰ ＨＯＰを知った。

浜松のレコード屋に行っては、気になるレコードをジャケ買いする。たまたま親父が蓄音機が好きで、自宅に何台もあったので、ターンテーブルではなく、それを借りてレコードを聴きまくった。

NAS、JAY-Z、B.I.G、2PAC、N.W.A、ウータン・クラン、EPMD、ダス・エフェックス、キャンプ・ロー、モブ・ディープ、スミフン・ウェッスン、ブラック・シープ。少し遡《さかのぼ》ってニュー・ジャック・スウィングのビッグ・ダディ・ケイン、ボビー・ブラウン……。この頃に聴いていた音楽は、いまでも聴き続けている。

テレビでも、いつしかバックダンサーが気になるようになり、録画した映像を超スロー再生しては、それを真似するようになった。

いつの間にか、俺はダンスが大好きになっていたのだ。

ただ、それはあくまでも「息抜き」としての存在。

ダンスにうつつをぬかしている時間があったら、そのぶんサッカーに打ち込めば、もうちょっといい成績が残せたのかなとも思うけど、ダンスという息抜きを覚えていなかったら、俺は練習の厳しさに押し潰《つぶ》されていたかもしれない。

そういう意味でも、俺はダンスに救われたし、自分でも気がつかないうちに、ダンスが大切な趣味になっていった。

高校最後の試合

俺の高校サッカー生活は、県大会の決勝トーナメント進出を決める大事な試合で負けて幕を閉じることになった。

最終的には試合に出られるようになったものの、俺は最後の公式戦に出場すらしていない。いや、ベンチには入っていたし、ピッチに立つ準備もできていたのに、寸前になってすべてがナシになったのだ。

スポーツに「ｉｆ」はない。人生にだって、もちろん「ｉｆ」はないのはわかっている。だから、あのときこうなっていたら……という考え方をしても意味はないのだが、あえて「もし」と振り返らせてもらうと、あのとき対戦相手が得点を入れなかったら？　自分が試合に出場していたら？　そのまま試合に勝って、決勝トーナメントに進出していたら?

間違いなく、いまの「ＡＫＩＲＡ」は存在しなかった。

あの試合は、人生の大きな分岐点だった――。

静岡県のベスト16入りした高校が争うリーグ戦だった。

決勝トーナメントに向けた大事な一戦だ。絶対に負けられない闘いに、俺はベンチで熱くなっていた。

「黒澤、行くぞ! 準備しておけ」

監督から声がかかった。

試合は同点のまま、終盤を迎えていた。

すごく大事な局面で、自分を起用してくれる。

ついにこの日が来た。1年生のときの1軍、レギュラー時代といまの俺はちがう。高校生活の集大成として、3年間のすべてを出し切ってやろうと、すべてを懸ける気持ちでピッチへと向かった。

しかし、状況が一変する。

相手チームが得点を入れ、ゲームは大きく動いた。準備万端で出番を待っていたのだが、監督の戦略が変わったのか、それとも熱くなって俺のことなんて忘れてしまったのか、ベンチに下がれという指示すらなく放置されてしまった。

そして、そのままタイムアップ。

俺たちのチームは負け、高校でのサッカー生活も終わった。

決勝トーナメントに残れなかった悔し涙と、試合に出してもらえなかったことに対する憤りの涙が入り交じり、俺の感情はぐちゃぐちゃになった。

そのあと、もう1試合あった。

いわゆる消化試合で、勝っても負けても関係がない。翌年を見越して、2年生を中心としたチーム編成になり、3年生は最後の記念として、順番に出場していく。

だが、そこでも自分の名前は呼ばれなかった。

コーチ陣はさすがに「どうして黒澤を使わないんですか?」と進言してくれたが、監督はなにも言わなかった。

いまになって思えば、試合の流れの中で選手の起用を決めていくわけで、自分を使わなかった明確な理由なんてなかったんだと思う。ひとつだけあるとしたら、俺には足りない部分が多すぎて、この局面では出せない、という判断だったんだろう。

でも、当時はそんな冷静な分析なんてできない。

「ふざけんなよ！」

やり場のない怒り、ぶつけようのない拳。

それを監督に八つ当たりすることで、なんとか消化しようとしていた。それと同時に、「あぁ、俺はもうサッカーをやりきったな」という思いが全身を包みこんでいた。

「ダンスで食っていく」

宮司先生は「大学に入ってもサッカーを続けるんだろ?」と、引退した俺のために推薦入学の話を取りつけてくれていた。

そこは新設の学校で、イチからサッカー部を創り上げることができる。まさに一匹狼タイプで、新しい道を切り拓くことが大好きな俺には、ぴったりの進路だった。

もちろん、最初は大学に進むつもりだったが、そのときには気持ちが変わっていた。決勝トーナメントに出られないのは悔しかったし、悔し涙だって流した。でも「後悔」はまったくないことに気づく。

やることはやった。自分なりにできる限りの努力もした。その結果、夢にはたどりつけなかったけれど、もうこれ以上、サッカーでなにができるだろう？

ひとことでいえば、燃えつきたのだ。

一度、燃えつきてしまった気持ちに、もう一度、火をつけるのは難しい。これはもう大学進学を断るしかないな、と自分の中でほぼ心は決まっていた。

ちょうどその頃、長野に住んでいる父方のおばあちゃんと電話で話す機会があった。

「お前、高校を卒業したら、どうするんだ？」

「大学に進学してサッカーを続けようと思っている」

「はぁ？　わざわざ大学まで行って、球を蹴らんでええ！　働け！」

男勝りで、その地元全体のおかあちゃん的な存在だった祖母の豪快なひとことも、俺の背中を押してくれた。

とはいえ、一度、決まった推薦を断るというのは簡単なことではない。自分だけの問題ではなく、学校同士の関係にもヒビが入りかねない。

宮司先生は「俺は昼飯を食う時間もロクに与えず、工業科なのになんの資格もとらせないで、お前にサッカーだけをやらせてきた。俺は、お前のこれからの人生に責任をとらなくちゃいけない。だから大学の推薦の話をまとめてきたんだよ」と言った。

本当に申し訳なかった。

さっき『GTO』に主演するときに、宮司先生に話を聞きに行ったと書いたけれども、それは卒業してからずいぶん経ってからの話。推薦を断ることで、俺は宮司先生とケンカ別れのような状態になり、まったく連絡をとらなくなってしまった。

のちにEXILEとしてサッカー日本代表岡田ジャパンのサポーターにもなり、地元・静岡県のエコパスタジアムでコンサートを開催することになったとき、頭を下げるならいましかないなと思い、宮司先生に電話をした。「サッカーではないですけど、EXILEで今度、エコパスタジアムに立つことになりました。よろしかったら観に来ていただけますか?」と誘った。

エコパスタジアムは日韓ワールドカップの会場にもなった大きなスタジアムだ。そのスタジアムのど真ん中に立って、その姿を恩師に見てもらえる。昔、思い描いていた姿とはちょっと違うけれども、一生懸命やっていれば、いつか、どこかで思いは叶うんだな、と自分でもジーンとしてしまった。

俺たちのパフォーマンスを観た宮司先生は「アップのときのブラジル体操もろくにできなかったのに、あんなにリズミカルに踊ってすごいじゃないか！」と褒めてくれた。ひょっとしたら、先生に褒められたのは、中学最後の試合で決めたヘディングシュート以来だったかもしれない。

「これがお前のやりたかったことだったんだな。俺には当時よくわからなかったけど、ちゃんと夢を叶えたじゃないか」

そうだった。

あのとき、いちおう監督の顔を立てて、大学の体験入学にも参加したけれども、もう気持ちに火がつくことはなかった僕は、校長先生にも状況を説明しにいった。

「せっかくの推薦を蹴ってまで、いったいなにをやりたいんだ？」

「俺、ダンスをやりたいんです」

「ダンス？　熊川哲也のようなバレエダンサーか？」

「あっ、いや、その……でも、いつかはそれぐらい有名になれたらいいなぁ、なんて」

当時はダンスで生きていく、と言ったところで、誰も理解してくれなかった。

いまでこそ、僕たちのようなパフォーマーという職業が世間に広く認知され、憧れてくれる若者も増えたけれど、それこそHIROさんたちがそこまでパフォーマーの価値を高めてくれたからこその話で、「ダンスで食っていく」なんてことは、誰も理解できなかったし、実際に高校を出て、いきなり稼げるような甘い世界ではない。


最後の試合が終わってから、俺はサッカーを完全に捨てた。

ユニフォームもボールも、サッカーにまつわるものを自分の部屋からすべて放り出した。

とにかく自分の視界にサッカーにまつわるものが入ってこないようにしたのだ。

もう一生ぶん、サッカーをやった。

だから、もうこんな道具なんて必要ない。

もちろん、そんなものは強がりで「俺はサッカーじゃなくて、ダンスで生きていくんだ」と自分に言い聞かせたかっただけだった。そうやって踏ん切りをつけないと、なかなか先へは進めなかったのだ。

勝算もなければ、コネもない。

とにかく衝動的に口にしたこの言葉が、俺を「愚者」の道へと誘っていくことになる。

地獄のような、険しい道へ――。

第3章

自由

「じゃあ、お前、AKIRAね」

この章で書くことは、自分にとって「黒歴史」だ。

思い出したくもないし、なんなら記憶から抹消してしまいたいほど、どうしようもない日々を送ってきた時代が、たしかにある。

もし、数年前にこうやって本を書く機会があったとしたら、僕はこの章をまるまる削除していたと思う。1文字も書かずに、完全に「なかったこと」にしてしまっただろう。それほどかっこ悪い話ばかりが続く。

でも、この時代がなかったら、いまの自分はない。

けっして同情を求めたいわけではない。

たくさん失敗して、絶望して、脱線して……そんなことの繰り返しがあったからこそ、本当はめちゃくちゃ弱い自分が、少しだけでも強くなれたんだろうと思うし、自分の人生の中では絶対に欠かせないパーツになっている。

だから、あえてすべてを赤裸々に書こうと思う。

高校を卒業したあとの、とんでもなく最低で、まったく光の見えない地獄のような18歳から19歳にかけての日々のことを――。

　まだ卒業する前だったか、路上でダンスの練習をしているときに「なにをやってんの？」と同世代の男に声をかけられた。

　それが現在、ＬＤＨが運営するダンススクール、ＥＸＰＧ東京校の校長を務めている鈴木ヨシユキだった。本当に偶然の出会いだったし、彼がいまＥＸＰＧにいるのもけっして僕のコネやツテではない。ストリートからはじまった関係が、ダンスを通じて、いまも繋がっているのだから面白い。

「ダンスの練習に決まってんだろ」

「へぇ～、クラブとかでも踊ってんの？」

「クラブ？　クラブってなんだよ？」

「知らないんだ。じゃあ、俺が連れてってやるよ」

　最初は、「コイツ、しゃらくせぇ」と思ったが、見よう見まねでダンスをはじめた俺は、完全にスポーツ感覚で練習を続けていただけなので、ダンスシーンについてはまったく無知だった。クラブなるものも、少なくとも磐田には存在しなかったから、リアルに「なに、それ？」の世界。誘われるがままに浜松のクラブへとはじめて繰り出すことにした。

第一印象は「こんなの近所迷惑だろ！」。

浜松の小さなクラブには、いままで聴いたことがないぐらいの大音量で音楽が流れていた。まさにカルチャーショック。田舎でスポーツばかりやってきて、遊び場といえばゲーセンかボウリング場くらいだった自分にとって、こういうちょっと背伸びをしたような大人の遊び場は、まったく未知の世界だった。

それほどの大音量なのに、一瞬、場の空気がシーンと澄んだ気がした。

「やべぇ、ショウくんが来たよ！」

どうやら、浜松では有名なダンサーがやってきたらしい。

「ショウくん」と呼ばれる男は、リュックサックを背負い、ダボダボのオーバーオールを着て、ドレッドヘアにカラーコンタクトを入れためちゃくちゃ男前だった。

そんなヤツが、チュッパチャプスを舐《な》めながら、いきなりフロアに来て踊りまくる。その日本人離れした姿に、俺は電気ショックみたいな衝撃を受けた。

それから毎晩、彼のことを考えていた。俺は「いつかショウくんと一緒に踊りたい」と思い、彼と踊っているビジョンを思い描きながら寝る、という日々を過ごしていた。

当時は気づかなかったが、人生において目標を達成するときには「イメージすること」がとても必要だということを、このときの体験から学んだと思う。

そんなあるとき、友達にショウくんを紹介してもらう機会を得ることになる。

「せっかくの機会だから、挨拶しておこうよ」

実は興奮していたのだが、それを隠して挨拶をした。

「どうも」

「名前、なんていうの？」

「黒澤っす」

「黒澤？　じゃあ、お前、ＡＫＩＲＡね」

これがＡＫＩＲＡ誕生の瞬間、である。

自分でつけたわけでもなければ、誰かがこだわりを持ってつけてくれたわけでもない。本当に1秒で命名されたのがＡＫＩＲＡだった。

さすがに由来は映画監督の黒澤明さんなのかと思いきや、あとでショウくんに確認してみると「あぁ、そういう考え方もあるのか」と感心していたので、その説も消えた。

「とにかくさ、なんかＡＫＩＲＡっぽいからつけたんだよね」とのこと。

そんな感じだったので、最初はさすがにしっくりこなかった。

「なんで別名が必要なの？　芸能人でいう芸名みたいなもの？　でも、俺、芸能人じゃないし、黒澤良平でいいじゃねーか」

実際、ダンスのショーに出るときの告知ではＲＹＯＨＥＩ名義にしていたし、とりあえずは仲間内でのニックネームみたいなものなのかな、と思っていた。

しかし、ショウくんはとにかく顔が広かった。

その後、彼とはかなりディープにつるむことになるのだが、行く先々で、出会った人たちに「コイツ、ＡＫＩＲＡっていうんだ。よろしくね」と紹介していくものだから、ものすごいスピードでＡＫＩＲＡという名前だけが浸透していった。

こうなるとフライヤーにＲＹＯＨＥＩと書いていても「そんなヤツ、出てないじゃん。ＡＫＩＲＡだったら出てたけど」みたいなおかしな現象が起きるようになってきたので、いつしか俺も「ＡＫＩＲＡ」を受け入れざるを得なくなってきた。

まさか人生の半分以上をともに歩んでいく大事な名前になっていくなんて、その当時は想像すらつかなかった。

卒業式の日に流した涙

忘れられないのは、高校の卒業式の日のこと。

みんな近所のお店を予約して、卒業式が終わったあとの「お別れパーティー」を企画していた。中学のときとは違い、卒業したら、みんながバラバラになってしまう。クラスや仲のいい友達が全員で集まれる機会は、これを逃すともうなかなかないので、みんな張り切って準備をしていた。

当然、俺にも声がかかったが、その日、偶然にもダンスのイベントがあり、俺たちはショーへの出演が決まっていた。

「どうせイベントは夜でしょ？　それまでこっちのパーティーに顔を出せばいいじゃん」

そう言って友達は誘ってくれた。嬉しかったし、そうしたかった。いや、そうすることも可能だった。

でも、自分はこれからダンスで食っていくと決めたのだ。

自分がやりたいことを職にするなら、いろいろと我慢しなくちゃいけないこともある。友達がみんなで楽しんでいることがわかっていても、それに背を向けて、夜のイベントに向けて最後の練習をしなくてはいけない。

それは、サッカーをしていた頃に、不良の友達から誘われても、俺にはやることがあると断っていたときと同じ。俺の中のルールだった。

これから先、ダンサーになるという夢を叶えるためにはこういう「犠牲」をたくさん経験しなくてはいけないし、その1歩目が高校の卒業式の日に重なるなんて、ちょっとドラマティックじゃないか、と勝手に自分に酔いしれている部分もあった。

しかし、卒業パーティーに背を向けて意気込んで臨んだショーが、もう自己嫌悪に陥ってしまうぐらい最低最悪の出来で、なんとも言えない気分になってしまった。パーティーに行っていれば確実に楽しかったのに、なんでこんなに悔しい思いをしなくちゃいけないのか……。

学生最後の日にして、社会人最初の日。

流した涙は、それまでの人生で一番しょっぱかった。

1ステージ3000円

こうして、俺は社会人になった。

とはいえ、この時点ではフリーターである。

クラブやイベントでショーをすれば、とりあえずギャラはもらえる。

当時は一律3000円だった。

ただ、それは技量を評価されたわけでもなく、なにか基準があったわけでもない。イベントを主催する側が「あいつらにもいくらか払ってやらなくちゃな」と考えたとき、赤字が出ないギリギリのラインが3000円、ということだったんだと思う。

お笑い芸人がテレビなどで「駆け出しの頃は1ステージのギャラが500円だった」と言っていたのを聞くと、それと比べればけっこうな厚遇だ。だけど、どれだけ観客を熱狂させようと、その場をシラけさせようと同じ3000円というのは、まだまだ自分たちがプロとしてまったく認識されていない証拠。ギャラというよりは、お小遣いとして支給されている感覚だった。

それ以上にしんどかったのが、すべてが自由になった生活、である。

誰もが自由を求める。

でも、実際にそうなってみたら、まるっきり自由なんてないことに気がついた。その日、なにをするのか、すべて自分で決めなくてはいけない。そんな経験はいままでまったくなかったから、なによりもそれが苦痛だった。

卒業するまでは、自由なんてまったくなかった。

朝5時に起きて朝練に出かけ、午前中に早弁をして、昼休みにはグラウンド整備をする。そして授業が終わったら、暗くなるまで練習に明け暮れる。

1日のスケジュールがびっしり詰まっていたけれど、自分で決めたのは練習が終わったあとに自主練をすることぐらいで、あとはみんな誰かが決めてくれたスケジュールだった。

それが真っ白になってしまう。

暇だな、と思って友達に電話をしても、みんな就職したり、進学したりで、当たり前のことだけど、平日の昼間には誰も電話に出てくれない。

サッカーに関するものをすべて捨ててしまった殺風景な部屋で、誰も出てくれない電話を放りだしたら、ものすごい寂しさが襲ってきた。

「急にひとりぼっちになっちまったな……」

サッカー部の監督が口を酸っぱくして言っていたことが、ふっと頭に浮かんでくる。

「いいか、自由になるのが一番大変なんだよ。すべての責任を自分で持たなくてはいけない。お前たち、いまの生活はルールが決まっていて、窮屈だと思っているだろ？　そのルールに守られながら、あーだこーだと俺に怒鳴られているうちが華なんだよ！」

監督の口癖だった「俺の言っていることは卒業したらわかる」が、本当に卒業してから数日で痛いほど身に染みた。

どうしようもないほどの孤立感。

夜中にダンスの練習で汗を流すだけでは、その不安はまったく吹き飛ぶことはなかった。少しずつ、自分の中の歯車が狂いはじめていることだけは、なんとなくわかってはいたけれど、じゃあ、なにをどうしたらいいのかは、俺にはまったくわからなかった。

不安をかき消すように、とにかく、毎晩1人でラジカセを持って出て行き、地元の市民文化会館、スーパーやビルの前で踊っていた。

毎日欠かさず、夜な夜な外に出て行く僕を、母ちゃんと姉ちゃんは怪しんだ。

「ダンスの練習をしてると言っていたけど、実はヤバイことに手を出してるんじゃない？」

あるとき、2人の心配がピークに達し、僕が出掛けたあとに車で尾行したことがあったらしい。

市民文化会館の鏡張りの壁の前で1人で練習をしている僕の姿を見て、「本当にダンスの練習をしているんだ。これだけ真面目にやっているんだから、もう好きにやらせようと思った」ということをEXILEに加入してから聞かされた。

ピザ屋と自動車工場

とりあえず食べていくためにアルバイトをはじめることにした。

不定期に入ってくる3000円では、生活の基盤は作れない。実家に住んでいたので、そこまでお金はかからないけど、静岡県は車社会だ。ガソリン代や維持費でそれなりの額は毎月、消えていく。

最初にやったのはデリバリーピザ屋のバイト。

とりあえず、まかないで毎日ピザが食えるだろう、という単純な理由でピザ屋をチョイスしたら、店長さんがドレッドヘアで「おおっ、この店だったら、どんなファッションでもOKじゃん!」と思って決めたのだ（結局、店長さんだけが特例で、バイトにはそんな自由なんてないことがあとでわかるのだが)。

なによりも黒人文化への憧れが強かった。当時のミュージックビデオを観ていると、やたらと黒人のミュージシャンがピザを食っていた。勝手な思い込みだったが、自分の中でピザは黒人文化の象徴になっていたから、その空気感を味わうためにこのバイトを選んだといっても過言ではない。

ただ、当時は時給650円の世界。

1日働いても、5000円ぐらい。月に6~7万円ぐらいの稼ぎにしかならなかった。

そこで助かったのが、静岡に住んでいたことだ。

浜松には大きな自動車工場がたくさんある。そこでタイヤの取り付けをしたり、1日に7000個のタイヤを運ぶ力仕事もやった。ピザ屋は月払いだったけど、こういう仕事は日当制でその場でお金を払ってもらえるので、困窮しているときは本当にありがたかった。

体もデカいし、運動もやってきたから、力仕事はまったく苦にならなかったけれど、工場のラインに入って、部品を取り付けるような作業は苦手だった。

なんだか知らないけれど、若いときは昼間、ものすごく眠たい。

そこで延々と単純作業をしていたら、もう眠気に勝てなくなり、ヘルプボタンで上司を呼んで「すいません、トイレに行ってきます」と言っては、トイレの個室で爆睡していた。そんな仕事が長続きするわけがない。

ピザ屋は店長が優しくて理解のある人だったので、けっこう長く働かせてもらったが、お客さんの電話の対応が悪かったりすると、それでカチンときてしまって、勝手にピザに辛い具材をたっぷりと詰めこんでデリバリーしたりしていた。ケンカするわけにもいかないので、そういうささやかな抵抗で、ストレスを発散する。いや、絶対にやってはいけないことなんだけど、そうでもしないとやっていられない年ごろでもあった。

そんな若気の至りとしかいえない経験があるから、いまは外食をするとき、店員さんに対してとにかくていねいに話しかけるよう心がけている。こっそりと辛いものを詰めこむような、あの頃の自分みたいな人がいたらシャレにならないから。

プロ意識と借金

たぶん趣味としてダンスをやるのであれば、バイトを掛け持ちしていれば、なんとか生活していけたと思う。

でも、俺は職業としてダンスを選んだ。

そこに妙なプロ意識が生じてしまっていた。

練習すればするほど、靴はボロボロになっていく。それは仕方のないことだが、その靴でステージに立つことには、ものすごく抵抗があった。

「たった3000円といえども、お金をもらっているんだから、こんな汚い格好で踊るのはお客さんに失礼だろ」

たぶん、お客さんはそんなこと、気にもしていなかったと思う。無名のダンサーがどんな靴を履いていようが、そこまで注視していないのだから。

だが、俺のちっぽけなプライドがそれを許さなかった。

とにかく最先端の音楽を仕入れて、それを誰よりもかっこよく踊る。ブラックミュージックを一番かっこよく踊れるのは、俺たちだ！　という自負はあった。

そのためにはファッションも最先端じゃないといけない。音とダンス、そしてファッションが三位一体となってこそ、最高の形になる、という考えもあった。

だから衣装には金をかけた。

3000円しかもらえないのに、高い衣装を買うんだから、ステージに上がるたびに大赤字だ。プロ意識だけやたらと高くて、ビジネスとしての計算はまるでできていなかった。

バイトでの稼ぎにも限界がある。

ちゃんと働けば、もっと稼げるけれど、あくまでもダンスを優先していた。イベントのたびに休みをもらっていたら、どのバイト先でも嫌がられる。収入はまったく増えないのに、出ていく金だけは増えていく。そのギャップを埋めるには借金をするしか方法がなかった。

借金はどんどん増えていく一方だった。

最後には完全に開き直って、キャッシングのATMを見つけると「これは借金じゃない。なぜなら、このATMは俺たちのスポンサーだからだ」と言いきかせて、お金を引き出すようになっていた。

このあたりは当時のバンドマンや芸人さんにとっては、ある意味「あるある」エピソードなのかもしれない。

ただ、歌手やバンドの場合、地道に頑張っていたら「君たち、頑張っているね。メジャーデビューしてみないか？」と声をかけられ、一気にスターダムを駆け上がるようなジャパニーズドリームが実際にあった。

でも、ダンサーにはそんな話はまったくない。仕事が舞い込んできたとしても、それはあくまでもバックダンサーやエキストラ。それぐらいしか仕事が存在しない時代だった。世間にもそこまで仕事として受け入れられていない。

つまり、いきなりブレイクして借金がチャラになるぐらい稼げるような見込みはゼロに近かった。もう完全に「負の連鎖」に陥っていたのだ。

そんな生活をしているのに、なんだか実家にいるのが嫌で、友達と家の近所に6畳1間のアパートを借りて住んだりしていたから、余計に財布の中は苦しくなっていった。

ステージの上では最先端のファッションでバリッと決めていたけれども、私生活ではちゃんとした拠点すらない「根無し草」のダメな毎日を送っていた。

封印していた「上京物語」

この頃、俺はショウくんを含めた6人でグループを作ってダンス活動を本格的にスタートさせ、「俺たちが一番だ！」という漠然としたプライドだけで活動をして1年が過ぎた。残ったのは借金だけだった。

東京のダンスチームが載っているフリーペーパーを入手しては、彼らのダンスシーンを観たこともないのに「コイツらダッセーな。俺たちのほうが上だよ。だったら東京に出ていく必要なんてないな」と強がっていた。

そうやって東京をディスることで「どうすればいいのかわからない」という不安をごまかしていたんだと思う。本当はものすごく東京に憧れていたのに、どうすることもできない自分たちを慰めるために。

これははじめて明かす話だが、実は19歳のとき、僕は仲間2人とともに、東京進出を試みている。

このまま静岡で細々とやっていても先がないし、でっかく勝負をかけるには東京に出て行くしかないだろう、という考えから「よし、動こう！」となった。

そうはいっても、東京に関する知識はまったくない。なんとなく「山手線の内側と東横線沿いは家賃がものすごく高くて住めない」という情報を友達から得ていたぐらいで、それを頭に入れて東京の路線図を眺めていたら、「府中」という駅がやたらと大きく書かれていた。なんか目立つし、新宿からも乗り換えなしで1本。これはいい街かもしれない。

いちおう下見に行ってみたけど、駅も大きい。その時点でなんか安心してしまって前のめりになった俺は「そうだ、府中に住もう」ぐらいのノリで安い部屋を借りてしまった。


実際に住んでみたら、期待したほど都会ではなくて「しまった！」となったのだが、一事が万事、こんな感じ。東京のことをなにも知らないのに、フラッとやってきたら、こういう目に遭うよ、というお手本みたいなものだ。

いまのようにSNSが発達していれば、情報もどんどん入ってくるし、こういうことがしたかったら、ここに行けばいいとか、この人に会えばいい、ということがわかる。

でも、当時はまだなかったから、右も左もわからないまま東京に出てきたら、そのまんま、右も左もわからないまま、東京を彷徨《さまよ》うしかない。「東京に行けばなんとかなる」という田舎者特有の発想で出てきたはいいけれど、なんともならなかったというのが現実だった。

そんな中、1日バイト三昧で疲れて飛び乗った京王線の終電では、よく寝過ごして終点駅の京王八王子や高幡不動まで行ってしまい、やむをえず始発まで外で寝ることもよくあった。疲れ果て、冷たい駅の床に座り込みながら「俺はなにをやってるんだ……」と虚《むな》しい気持ちになった。

結局、ダンスの仕事はちょこちょこしか入ってこないので、またバイトで生計を立てていくしかない。

派遣会社に登録したが、毎日違う力仕事の現場に行かされては、慣れない作業に失敗して罵声を浴びせかけられる。当時の俺はそれが嫌で、今度はコーヒーショップで働いた。そこでは、強面《こわもて》のお客さんからいちゃもんをつけられ、牛乳をぶっかけられたこともあった。

新宿の建設中のビルに上って、鉄塔のボルトにさび止めを塗る、という仕事もやった。

二十数階から下を見ると、走っている車が豆粒みたいに見えた。あの頃は食うために当たり前のようにやっていたけれど、けっこう命懸けのことを安い時給でもやった。

未払いのまま給料を取りっぱぐれたこともあった。

自分が生きていくためのお金を稼ぐだけで、本当に大変だった。

遊ぶお金なんてもちろん、食べるお金にすら困っていた。

いつも近くの店に賞味期限切れのパンや、パンの耳をもらいにいく。

朝、目を覚ますなりパンの耳を食べる。夜は自分の中で「トロ」と名付けた食パンの白い柔らかい部分を食べるだけ。


府中駅の周りで毎日ひたすらダンスの練習していたが、何をどうすればいいのかわからないまま、時間が過ぎていく。

まれに数カ月に1回ショーの誘いがくるが、出たら出たで声援はゼロ。誰も俺たちのことなんて知らない。完全にアウェーだ。

「ダサくね?」って言われているような視線に囲まれながら踊るのは、本当にキツかった。

一緒に上京したメンバーの1人はホストで稼いでいたのだが、お店でトラブルに巻き込まれたらしく、ある日突然、音信不通になってしまった。

そのうち連絡があるだろう、と思っていたが、何日経ってもない。そうこうしているうちに、以前から決まっていたショーの日程が迫ってきた。ダンスは3人用に作ってある。2人用に作り直して出演することもできたのだが、バイト三昧でそんな時間もなかった。かといって、いまさら2人で踊ることもできない。困った挙句、府中駅前でダンスの練習をしていた、まったく面識のないダンサーをつかまえて「頼む、代打で踊ってくれないか？」と頼み込んだ。静岡時代に、あれだけこだわっていたプロとしてのプライドも、東京での生活に疲れて、すっかり薄れてしまっていた。

結局、音信不通になったメンバーからは数カ月後、連絡があった。

「いろいろあって、いま大阪にいるんだよ」、と。

ここには到底書けないようなことが彼の身には起こっていた。

東京の嫌な部分しか見えない毎日。というか、ひょっとしたら自分が引き寄せてしまっていたのかもしれない。

完全に負の連鎖に陥っていた。たたみかけるようによくないことしか続かない日々に、どんどん嫌気がさしていった。

地元でどうにも進み方がわからない状況を変えるために強引に上京したけれど、結局もっと辛い状況に自分を追い込んだだけだった。

東京の街のネオンが、俺のことをあざ笑っているかのように見えた。

そして、俺はついに東京から撤退せざるをえなくなる。

大破した車と「自分」

東京と静岡を往復するときには車を使っていた。

新幹線に乗れば1時間半くらいで着いてしまうけど、稼ぎのない俺にとって、その運賃はかなりの負担になってしまっていた。

その点、車だったら、3時間以上かかってしまうけれども、そんなにお金はかからない。しかも、東京での足にも使える。まったく東京の地理がわからない田舎者にとって、電車の乗り換えはめちゃくちゃ難しい。車のほうが安心だった。車の中で、よく寝泊まりもしていた。

ある日、東名高速を走っていたら、いきなり目の前に車が現れた。故障車が追い越し車線で立ち往生していたようだ。発煙筒なども焚《た》かれていなかったから、いきなり目前に車が出現したような感覚だった。

あわてて避けようとしたが、100キロ近く出しているからハンドルもきかない。気づいたら車がスピンしている。事故に遭った人がよく言うが、本当にスローモーションだった。中央分離帯に車がぶつかった瞬間に、現実の時間が戻ってきた。

俺と同乗していた友人は無傷だった。かすり傷ひとつない。ハンドル操作を少しでも間違えていたら、確実に車体から体が放り出されていただろう。

なんとか車外へ出て確認すると、乗っていた車はめちゃくちゃになっている。

どこからどう見ても廃車確定だ。

顔面蒼白《そうはく》。

この車は俺のものではない。親父の車を借りていたのだ。

いちおう東京には「仕事」で行っていることにはなっているが、なにも結果を残せていないんだから、ほとんど「遊び」の延長だ。親父が必死になって稼いで買った車を、そんな「遊び」のせいで壊してしまった。

「あぁ、もうすべて終わった……」


そこに親父がかけつけた。

小さい頃から一度も怒られたことはなかったけど、さすがに今回ばかりはこっぴどく怒られるだろう。いや、もう一生ぶん、ここで怒ってほしかった。

でも、親父はいつものように穏やかな表情で「まぁ、仕方ないな」とだけ言って、俺を怒ろうとしなかった。

逆にそれが辛かった。

怒ってくれたら言い訳のひとつやふたつ、ふてくされてできたのかもしれないけど、こんなときに、こんな自分にもやさしくしてくれる親父に頭が上がらなかった。

それでも素直に「ごめんなさい」と言えない自分。

そんな自分に腹が立ったし、すべてにおいて歯がゆさしか感じなくなっていた。

ツイていない、のひとことではもう片づけられない。底なし沼にのみ込まれていくような感覚の中で、俺はひたすらもがいていた。

大破した車が、まるでいまの自分を映しているようだった。

のちに現場検証をしたら、事故の原因となった停止していた車から100メートルくらい俺の車は離れていた。要するに、100メートルスピンしたということ。それほどの大事故だったのだ。

最初は、俺に過失はないという話だったのに、警官は「これだけ停車車両と距離があるのだから、君の前方不注意だ」と言いだした。

「ふざけんじゃねー、コノヤロー!」と俺は警官に食ってかかった。

東京に来てからの、なにもかもうまくいかない日々が頭の中でフラッシュバックする。どうして、すべてが悪い方向に転がっていくのか……。やることなすこと、悪い結果になってしまう。俺の人生とはなんなんだろう。

結局、俺はサッカー部時代、恩師に歯向かったときと何も変わっていなかった。やり場のない怒りが、今回は警官に向かってしまっただけで、まったくなにも成長していない。

いま思えば、事故の規模を考えると生き延びられただけで神様に感謝するしかないような状況だった。

だから親父は怒らなかったのかもしれない。「生きていてくれただけでいい。車なんていいんだ」、と。そんな親父の愛情にも気づけなかった。

あのときの俺は、真の〈愚か者〉だった。

この事故をきっかけに、俺は東京から撤退することを決めた。

だけど、俺はダンスを諦めきれなかった。

こんな最悪な状況のときにこそ、愚者の魂は覚醒する――。

「夢」を語る葛藤

静岡に帰ってきてから、俺はそれまで以上に精力的にダンスに取り組んだ。まさに一心不乱に踊り続けた。

田舎は噂《うわさ》が駆け巡るスピードが異様に速い。

「ＡＫＩＲＡが東京から帰ってきたらしいぞ」

誰にも会っていないうちから、そんな噂《うわさ》が街中を飛び交っていた。

俺は、特になにかを成し遂げたわけでもなく、ただただ東京へ行って帰ってきたというだけ。むしろ失敗しかない。だから、「失敗して逃げ帰ってきた」と陰口を言われているんじゃないかと、内心ではビクビクしていた。

そんな思いもあって、なにもなかったような顔をして「東京じゃ別に学ぶことなんて、なにもなかったよ。あんなところにいても意味がないから帰ってきたんだ。静岡から世界を目指してやる！」と虚勢を張っていた。


我ながら不器用な生き方だな、と思う。

自分でも悲しくなるほど、空回りを繰り返してきた。

だから、わかる。

最近の若い子たちが「自分はなんのために生きているんだろう？」と深く落ち込んだり、「これからどうやって生きていけばいいんだろう？」と真剣に悩んだりする気持ちが痛いほどわかる。

よくインタビューなんかで「悩んでいる若者にひとこと」と求められる。最終的には「夢を持って頑張れば、いつかは叶う」と綺麗事でまとめてしまいがちだし、その言葉が見出しに使われたりもするけれど、いつもその言葉を口にするまで、自分の中でものすごく葛藤《かっとう》している。

20歳のときの自分を思い返したら「夢は叶う」なんて、安易に言うべきことではない、と誰よりもわかっているからだ。

今回、本当は封印してしまいたかった、この時期のどうしようもないエピソードを包み隠さず、書き綴《つづ》ったのには、そういう意味合いもある。けっして武勇伝を語りたいわけでもないし、ダメだった自分に同情をもらいたいわけではない。

こんなにも最低でクズみたいな青春時代を送ってきた僕だって、どん底から立ち直って夢を叶えることができたんだから、いま悩んでいる若い子たちも、きっと大丈夫だよ、いつかは自分のあり方と道が見つかるよ、と。けっして波瀾《はらん》万丈ってほどでもないし、大それた内容でもない恥ずかしい話ばかりだが、それが伝われば、こうやって恥の数々を晒《さら》した甲斐《かい》もある。

そして、ようやく、僕の人生に一筋の光明が差し込んでくる。それも信じられないほどの輝きを放ちながら――。

第4章 脱出

見えてきた夢の形

20歳の頃は、本当に闇の真っ只中《ただなか》にいた。

人間、ずっと暗闇の中にいると、だんだんと目が慣れて、周りがうっすらと見えてくるものだが、闇の中なのに、さらにモヤがかかって、本当になんにも見えないような状態がずっと続いている感じだった。

手探りで前に進もうとしても、一歩先すら見えないから、自分がどういう状況にいるのかすらわからない。

その場で足踏みしているのか？

それとも、じわじわ後退しているのか？

少なくとも前には進めていないことだけは、わかっていた。

ただこの頃、それまで漠然としていた目指すダンサーの形が、まだ少しぼんやりとはしていたが、明確になってきてはいた。そのきっかけになったのが、ＨＩＲＯさんと、ＭＡＴＳＵさん、ＵＳＡさん、ＭＡＫＩＤＡＩさんたちが組んだＥＸＩＬＥの原型でもある、初代J Soul Brothersだ。
もともと僕はZOOで活躍していたHIROさんに憧れていた。そしてストリートダンスシーンで一世を風靡《ふうび》していた、MATSUさん、USAさん、MAKIDAIさんも擦り切れるほどビデオを観返しては、その動きを真似していた。
そんな人たちが揃ったJ Soul Brothersを知ったときは衝撃だった。もう、憧れないはずがない。自分の目指すダンサーの形はこれだ！　と思ったのだ。
J Soul Brothersの「D.T.B.」や「Follow me」を質素なワンルームで聴いては、「いつかあの人たちみたいになりてぇな」と、漠然した夢を頭の中に描いていた。
だけど、そこにたどり着くには、なにをどうしたらいいのか、さっぱりわからない。東京進出に大失敗したことで、打つ手がまったく見つからなくなっていた。

いままでの人生はスポーツがメインだったから、こういう悩みを抱いたことはなかった。

Jリーガーになりたい、という夢を抱いたら、その道筋はすぐに見えてくる。

高校サッカーで活躍して、県大会を勝ち抜いて、全国大会に出場して、というステップを踏んでいけば、おのずと道は拓けてくるし、そのために毎日、厳しい練習に耐えてきた。

結局、その夢は叶わなかったけれども「どうしたらいいのか？」と袋小路に迷いこんでしまうことはなかった。教えてくれる恩師もいて、毎日のカリキュラムやルールがあったから、ただ自分の力が足りないだけだという現実をのみ込んでひたすら練習に打ち込むことで、現状を打破することができるかもしれない。そんな希望が常にあった。

エンタテインメントの世界は、真逆だ。

キャリアを積んで、自分たちのスキルが上がってきていることは自覚していたし、最初から「俺たちが一番かっこいいんだ！」と自負して、活動をしてきた。

これがスポーツだったら、もっと話は早い。

練習をして、力がつけば、試合に出してもらえる。

試合に出て、シュートでも決めれば誰からも評価されるし、決めなくてもチームから必要とされれば自分の道には繋がる。

極端な話、観客がゼロでも、試合で活躍したり勝ったりすれば、その実績は揺るぎないものになる（プロの選手ともなれば、また別の話だが）。

だけど、「ダンス」というエンタテインメントの世界では、お客さんを呼べるようにならないといけない。すなわち、自分たちに需要がなければ、使ってくれるところもなければ、披露する場所もない。

いくら「自分との闘い」に勝っても、俺たちの輝く場所はない。

この目に見えない敵との闘いに、俺は長いこと苦戦させられた。

譲れないプライド

本当だったら、その時期にやるべきことがあった。

それはダンススクールに通って、イチからダンスの基礎を学ぶこと、である。

ここに至るまで、俺はずっと独学で踊ってきた。それで別段、困ったこともない。たまに仲間との会話で専門用語が出てきて「え？」となることはあっても「あぁ、わかるわかる」と適当に相槌《あいづち》を打っておけば、なんとかなった。実際に踊ってみて「さっき言っていたのはこのことだったのか」と理解することが、自分なりの勉強法でもあった。

楽器なんかでも、高いレベルで伸び悩んでしまった人が、あえて基礎の基礎からレッスンを受け直すとびっくりするほど上達する、という話をよく聞く。それだけ基礎は重要ということなんだろう。

もちろん、それは自分でもよくわかっている。独学だからこそ生まれる個性もあるんだろうけど、そこに基礎が加われば、もっとよくなるんだろうな、と。でも、いまさら誰かに頭を下げて、しかも金まで払ってダンスを習うことには、ちょっと抵抗があった。

なによりもインストラクターと師弟関係になることで、一生、その人を追い抜けなくなってしまいそうな気がして嫌だった。そもそも「俺たちが一番だ！」という根拠のない自信や若さゆえのかたくなさが心の拠《よ》りどころになっていたのに、誰かの下についた時点で一番ではなくなってしまう。本当につまらないプライドだけども、そのプライドすらも妥協してしまったら、自分はもう闇の中で生きていけなくなるくらいの切迫感もあった。

そんなとき、ひょんなところから運命を変える、東京でのイベントの話が舞い込んでくることになる。

人生を変える出会い

「東京のイベンターが、出演してくれるダンサーを探してるみたいなんだけど、AKIRAたちのグループも一緒に行かない？」

そんな話を持ちかけてきたのは、静岡でお世話になっていたラッパーの先輩だった。

静岡でくすぶっていた僕は、「たしかにここらで一発、東京でカマしてみてぇな」とこの話に乗り気だった。

前回、東京に行ってうまくいかなかったのは、どこにいけば、どんなイベントがあるとか、誰に話を通せば、こういうイベントに出られる、といった情報をまったく仕入れずに上京してしまったからだ、と自己分析していた。

その点、今回は直接、イベントに呼ばれている。まったくの空振りで終わるわけじゃないから、そんなに不安はなかった。

ただ、一緒に踊っていた相方は「そのイベントに出て、なにか本当にメリットあんの？」と、現実的に考えていた。

たしかにそう考える気持ちもわからなくはない。

まず交通費は自腹だ、ということ。

というか、まず3000円のチケットを自分たちで買い取らなくてはいけない。ノルマとして、それを15枚売ってくれ、と。もし15枚を捌《さば》けなかったら、売れ残った分の代金は自分たちで負担しなくてはいけないけれども、16枚目からはキャッシュバックが発生する。それが僕たちのギャランティー。頑張ってたくさん売れば、東京までの交通費も捻出《ねんしゅつ》できる、という仕組みだった。無名の僕らには、リスクしかない。

相方としては、売れ残ったときのデメリットを考えてしまうし、このイベントがけっして大規模なものではなく、ちょっとした身内ノリのパーティーみたいなイベント、というところにもひっかかっていた（実はこれがのちのち運命の出会いを呼び込むことになるのだが）。

「な、考えれば考えるほど、このイベント、出る意味がないと思うんだよ」

「理屈じゃなくね？　俺の直感だけど、このイベントに出ないと、あとで後悔するような気がするんだよ。じゃあ、いいよ、1人で踊ってくるから。俺が1人で一発、東京でカマしてくっからよ！」

一度は完全に決裂して、俺が1人で東京に行くことになったが、あまりの熱意に相方も折れて、イベント前日になって「わかったよ。俺も一緒に東京に行くわ」となった。

こうして、俺の人生を大きく変える1日がはじまった。


イベント当日。

相方はちょっと遅れることになり、俺は1人でリハーサルに臨むことになった。

「東京、ナメんなよ！」

そう意気がってはいたが、内心、めちゃくちゃビビッていた。

誰も知っている人間がいないところで、1人で踊る。「ナメんなよ！」と思ってはいても、こんなもん、確実に田舎者がナメられるシチュエーションだ。

そもそも、静岡とはなにもかも違う。

いまはさすがに違うと思うけれど、俺がやっていた当時は自分たちでイベントをやるとなったら、「箱（クラブ）」だけを借りて、あとはすべてセルフでやらなくてはいけなかった。

ドリンクも自分たちで発注して、イベントがはじまる何時間も前に会場に行って、それをサーバーに取り付けるところから準備がスタート。キャッシャーもバーテンダーもエントランスも全部、自分たち。なにかトラブルが起こっても、自力で解決し、その合間に踊っている感じだった。もちろん、イベントが終わったら、片づけをして、お金の精算をして、綺麗に掃除をするまで帰れない。それが常識だった。

ところがどうだ。

東京ではダンサーにちゃんと控室がある（もちろんイベントにもよるが）。時間になったら呼ばれて、踊って、ギャラをもらって終了。夢みたいな環境だ。もうそれだけで場の空気にのまれてしまいそうになっていた。

そんなこともあって、実はこのとき、地元の親友をイベントに連れて行った。

「いつも会社に行くときのスーツを着て、渋谷のクラブまで一緒に来てくれない？」

軽いおふざけの延長ではあったが、バリッとスーツを着てやってきた友達をマネージャーということにして、自分を大物に仕立てようというセコい作戦だった。

ダンサーにマネージャーなんているわけもない。

だけど、会場にいるオーガナイザーたちが、黒人みたいななりをしたやたらデカい僕と真面目そうなスーツ姿の男の妙な2ショットを見て、「アイツらなんなんだ？」という顔でこっちを見てくる。どうやら俺らのアホみたいな威嚇作戦は成功しているようだ。

リハーサルをはじめると、マネージャー役の親友が中2階へ上がっていった。

おもむろに「ちょっとスピーカーのバランスがおかしいから、こっちも上げてもらえるかな?」と、小芝居をはじめる。

なんだそれ、お前、やりすぎだろ……と思ったものの、意外とその指示は的を射ていたらしく、現場スタッフは指示に応えている。

それを見ていた東京のB-BOYたちは「静岡から来たアイツ、なんかすごく大物っぽいんだけど」とザワついている。アホらしいやりとりだが、どうやら連中に一発カマせたようだ。


リハーサルを終えると、遊びに来ていた知人から声をかけられた。

「今日、EXILEのUSAさんとMAKIDAIさんが来るらしいよ。知ってた?」

「マジで? 知らない」

「俺の先輩が知り合いだからさ、もし、2人が来たら俺が紹介してやるよ。せっかくだから、挨拶しておこうぜ」

知人の、そのミーハーで偉そうな言い方に腹が立ち、頼りたくなかった。

「いいよ。俺、まったく興味ねーし」

（いや、本当は興味しかなかった）

「会いたいとも思わないから、紹介しなくていいからな」

（いやいや、本当はめちゃくちゃ会いてぇ）

俺はなんてことを言っているんだ！　心の中で自分の顔をひっぱたいた。

でも、会いたくない、というのは実は本心でもあった。

これからダンスで一発カマそうと考えている人間が「大ファンです！　よろしくお願いします！」なんて挨拶をしちゃったら、ステージでバーン！と勝負をかけられなくなっちゃうんじゃないか？

そもそも、ダンスをはじめた頃からずっと憧れていたＥＸＩＬＥの２人に見られている、と考えるだけで、めちゃくちゃ意識して緊張してしまう。それだけで吐きそうなくらいだ。

それから出番までは情報を完全にシャットアウトして、２人が会場に来ているかどうか確認もせず、俺は相方とステージへと向かった。

「ニホンゴワカリマスカ?」


ステージに立って、驚いた。

小さい箱だから、客席がよく見えるのだが、まさにステージの真正面にUSAさんとMAKIDAIさんがいる!

しかも、腕を組んでステージを眺めているのだ。

「やっべー! 目の前じゃん……よしっ、カマしてやるぜ」

でも、こうなると2人の視線が気になって仕方がない。

踊っている最中に2人がコソコソしゃべりだすと、根っからのネガティブ思考が頭をもたげてきて「俺、ディスられてる……」と消極的になり、ヤケになってしまった。

こうなったら、もうヤケッパチだ。

曲の途中に「Mother FuXXer」という歌詞が出てくる。当然、その部分の音声は消してあるのだが、俺はステージのど真ん中に立って、おもいっきり叫んだ。

「Mother FuXXer!!!!!」

これは観客にめちゃくちゃ刺さったようで、会場中がドカーンと沸いた。

チラッと2人を見てみるとバカ受けしている。

それでも、まだネガティブになっているから「くっそー、さらにバカにされてしまった……」となってしまう。

あっという間に出番は終わった。

「あぁ、今日は散々だったな。やっぱり大物が目の前にいると実力、出せねーな」

見る人が見れば、俺たちがやっていることをわかってもらえる、と強がっていたのに、誰よりも見る目がある人たちの前で、まったく本領を発揮できないジレンマ。

相方が最初に言った「イベントに出て、なにかメリットあんの?」という大正論が頭の中でグルグルと渦巻いていた。

「たしかに出ないほうがよかったかもな……」

すっかり凹んでいる俺の目の前に、信じられないような光景が広がった。

「先ほど、踊っていた方たちですよね?」

ていねいな言葉遣いで話しかけてきてくれたのは、なんとUSAさんだった。

あまりのことに俺はキョトンとしたまま、絶句してしまった。

「あっ、ごめんなさい。ニホンゴワカリマスカ？　Can you speak Japanese?」

これはギャグなのか？

それともガチなのか？

ただ、ＵＳＡさんの態度はめちゃくちゃ紳士的で、僕たちみたいな者にすごく下から接してくれていることに感動すら覚えた。

「俺、日本人です」

「え？　ハーフとかじゃなくて？　ごめん、ごめん。めちゃくちゃ色が黒いし、背が高いから外国人かと思った。何歳？」

「20歳です」

「えぇ?!　20歳なの？　若いね。めっちゃよかったよ！」

信じられないような会話だった。

変につっぱって「挨拶なんかしねぇよ！」と知人をはねつけていた数時間前の自分を思い出して、本当に恥ずかしくなった。

「俺、めちゃくちゃダセぇな……」

ＵＳＡさんに人としての格の違いを一瞬で見せつけられて、こんなに褒められているのに、だいぶ落ちこんでいる自分がいた。

ＭＡＫＩＤＡＩさんはすでに酔っぱらっていて「イエーイ！　乾杯！」。

なぜこんなに自然体でフランクなんだ……！

状況がつかめないまま、僕と相方はＵＳＡさん、ＭＡＫＩＤＡＩさんと乾杯していた。

なんなんだ、この状況は。つい数分前までは考えもしなかった展開に、正直、面食らっていた。


どうやらＵＳＡさんとＭＡＫＩＤＡＩさんは、自分たちの新たなユニットに参加してくれるラッパーを探しているようだった。偶然、ＵＳＡさんの知り合いが「面白そうなラッパーが出るんだけど観に行ってみたら？」と誘っていたらしい。それでＭＡＫＩＤＡＩさんと一緒にクラブへやってきたら、たまたま俺のステージを観てしまったわけだ。

「こんなイキってるダンサー、東京にはなかなかいないよ。これからＥＸＩＬＥのライブにもサポートダンサーを呼ぼうと思ってるから、そのときはＡＫＩＲＡも一緒に踊ろうよ」

ＵＳＡさんがそのときあげたほかのサポートダンサーたちの名前は、俺らがフリーペーパーを見て「東京じゃ有名らしいけど、俺たちのほうが上だぜ！」とディスっていた連中ばかりだった。正直、めちゃくちゃうまいヤツらだ。どうやら、みんな2人の後輩らしい。

これは面白くなってきた。

これまでイキって散々俺がディスってきた連中だったけれど、一緒に踊っている姿を想像するとワクワクする気持ちしかない。しかも、その前でEXILEが踊っているんだと考えたら、もう地に足がつかなくなった。


その後、どうやって磐田まで帰ってきたのかすら、覚えていないくらいだった。

直感を信じて、相方の反対を押し切ってまで、あのイベントに出演していなかったら「EXILE AKIRA」は存在しなかった。

あの日、僕の運命は大きく変わったのだ。

同時に、「人ってこんなにも他人に生きるパワーを与えられるんだ」と実感した。なぜなら、USAさんとMAKIDAIさんと出会ってからの僕は、なにかこれまでとは違ったエナジーと希望に満ち溢《あふ》れていたからだ。

突然の「中目黒」への呼び出し

静岡に帰ってきても、しばらくは放心状態だった。

あのEXILEのメンバーと乾杯して、サポートダンサーのお誘いまでいただいた。この2年間を考えたら、本当に夢みたいな話だ。

とりあえず、その日は連絡先を交換して別れた。

それからしばらくは着信があるたびに「おっ、ついに来たか！」とドキドキするような日々が続いた。完全に浮足立っている自分がいた。

しかし、1週間が過ぎても、1カ月が過ぎても連絡はなかった。

ついに3カ月が経過。もう諦めがついた。

「うん、あれは夢だったんだ。東京で夢を見ただけなんだ。みなさん、優しいから声をかけてくださっただけで、一緒に仕事をするなんてありえない。パワーをもらっただけでもありがたい。お2人に褒めてもらったことを胸に、また静岡で地に足をつけて地道に頑張ろう」

そう吹っ切ったある日、突然、USAさんからメールが届いた。

「いま、なにやってんの？　これから中目黒まで来れる？」

なにやってんのもなにも、こちとら静岡県磐田市で絶賛、ピザを宅配中だ。

でも、ここでまた直感が働く。

この誘いを断ったら、絶対に後悔しそうな気がしたのだ。

すぐに店長に「とてつもなく大事な用事ができた」とバイトを早退させてもらった。ところが東京まで行くお金が財布の中には残っていなかった。この時間だと、最終の新幹線で東京まで行くしかない。往復で2万円は必要だ。

どんなに苦しくなっても、親にだけは金の無心はしたくなかった。

だが、もうかっこなんてつけていられなかった。

「母ちゃん、頼む。2万円だけ貸してくれ！」

渋々、財布から1万円札2枚を差し出した母ちゃんに心の中で土下座しながら、僕は浜松駅から最終の新幹線に飛び乗った。

東京に着いたはいいけれど、中目黒なんて行ったことがない。

とりあえず山手線で目黒まで出て、そこからなんとか中目黒までたどり着く。田舎者にとっては、これだけでもう大冒険だ。

ＵＳＡさんに会うと、すぐにストレートに話を切り出された。

「俺とＭＡＫＩＤＡＩと一緒にユニットをやってみない？」

テレビの向こう側にいるスーパースターが、僕みたいな下界の人間にわざわざ歩み寄って、大きな夢を与えてくれた。こんな映画みたいな話、本当にあるんだな。

「今度、俺とＭＡＫＩＤＡＩで『RATHER UNIQUE』っていうラップグループを立ち上げるんだけど、パフォーマーが１人いたら面白いなって話になったんだよ。ＡＫＩＲＡは存在感があるから、１人でも盛り上げることができると思う、ぜひ、パフォーマーとして加入してくれない？」

泣きそうになるぐらい、嬉しい申し入れだった。

本当だったら、即答するのが当たり前だ。

でも、僕は「ありがたい話ですけど、ちょっと考えさせてもらってもいいですか？」といったん静岡に帰ることにした。

いや、気持ちは決まっていた。

「一緒にやらせてください」と。

ただ、あの日のステージには僕1人で立っていたわけではない。相方も一緒だった。あの日だけでなく、これまでもずっと一緒に闘ってきた。

僕の名前をつけたのも、この相方だ。それなのに、今回、お誘いがあったのは僕1人だけだった。これでいいのだろうか？

僕だけがおいしい思いをして、夢に近づいてもいいんだろうか？

とても自分1人では決めることなんてできなかった。

静岡に帰るなり、相方を呼び出し、中目黒であったことを報告した。

「ものすごくありがたい話をいただいた。正直、俺は挑戦したいと思っているんだけど、お前、どう思う？」

「ふざけんじゃねーよ！」とキレられても不思議ではなかった。

僕の話を聞いた相方は、ものすごく穏やかな表情でこう言った。

「お前、それはやるべきだよ！　それはヤバいって！」

絶対に相方だって悔しい気持ちがあったに違いない。

その気持ちを押し殺して、僕の背中を押してくれたのだ。

本当に僕は出会いや仲間には恵まれている。

普段はめちゃくちゃトガっている相方のショウくんが、送別会では涙声で熱唱してくれた、Mr.Childrenの「星になれたら」を僕は一生、忘れない。

二度目の東京進出

こうして、僕は二度目の上京をすることになった。

ただ、RATHER UNIQUEはデビューに向けて動き出してはいたけれども、まだ本格始動前。そこで僕に命じられたのはLDHが設立するダンススクール「EXPG」の立ち上げ、という重大な任務だった。

ありがたい話だと思った。

僕は自分のことを「一匹狼」だと何度も書いてきたけれども、それと同時に「切り込み隊長」タイプだな、と思っていた。

誰もやったことのないフィールドに、自分1人で飛び込んでいって、まったく新しい道を切り拓く。ただ、そのぶん失敗も多い。

これまでダンススクールにはまったく無縁の人生だったけれど、そういう意味では、自分に合っている仕事じゃないかと感じていた。

というわけで、とりあえずEXPGと契約し、僕はLDHの一員になれた。

HIROさんに会わせてもらったのも、この頃だ。

はじめて顔を合わせたときには、事前にUSAさんとMAKIさんが「静岡にAKIRAっていうヤバいヤツがいるんですよ」と耳に入れてくれていたようで、初対面なのに「はじめまして。いつも話、聞いてたよ」という感じで、お2人と同様にものすごく腰が低く、気さくに接してくれた。

最初に会ったのも、全然、気取った店じゃなくて、中目黒の普通の飲み屋。HIROさんはいまよりも、もっとストリートな感じだったけれども、とにかく「HIROさんオーラ」とその中にある優しさがものすごく滲《にじ》み出ていたことはよく覚えている。

HIROさんとは、ちょっと不思議な縁を感じている。

僕が上京する前、基本的には外で練習をしていたけれど、実は磐田市にもひとつだけダンススタジオがあり、1時間1000円で貸してくれていた。

お金があるときには、そのスタジオを借りて踊っていたが、なぜか、そのスタジオに飾ってあったのが、ZOO時代のHIROさんがこのスタジオに遊びに来て、オーナーと一緒に写した写真だった。

実はここのオーナーは「SOUL TUNNELS」(ダンス対決をする『とんねるずのみなさんのおかげです』のワンコーナー)で優勝したことがあって、当時、ダンスをやっていた人たちにとってはちょっとした有名人。それでHIROさんもZOOのメンバーに連れられて遊びに来たことがあるらしい。

だから、僕は当時からHIROさんに見られながら、ダンスの練習をやってきたことになる。

そんなこともあって、はじめて会えたときは、本当に感動ものだった。


ともあれ、二度目の東京進出。

今回は適当に住まいを決めるわけにはいかない。

とりあえず事務所のある中目黒界隈《かいわい》に住んだほうが便利だろうと思ったが、まったく土地勘がないので、ここはＨＩＲＯさんに相談することにした。

「家を探しているんですけど、みなさんが下積み時代に住んできた、安い物件があったら紹介してもらえますか？」

「それだったら、『ど○○子』の上がアパートになっているから、そこがいいよ」

そう言われたら、もうそこしか考えられない。

ファンのみなさんはご存知かもしれないが、「ど○○子」は、ＬＤＨの近くにあるラーメン屋だ。

いまでは綺麗になっているが、当時は本当に古いアパートで、下見に行って絶句した。玄関は共有で、廊下が一本あるだけ。部屋の鍵は「田舎のトイレ」みたいな感じで、おもいっきり蹴とばしたら、簡単に扉が開いてしまう、泥棒には親切な、セキュリティーゼロの環境だった。

風呂付きと聞いていたのに、そんなスペースは見当たらない。ふとベランダに出てみると、一部分だけ雨避《よ》けのトタン屋根が張られていて、その下にものすごく古い浴槽がちょこんと置かれていた。

昭和にタイムスリップしたかのような物件だったが、「そうか、これがＥＸＩＬＥのみなさんの原点なんだな」と思ったら、聖地のように見えてくるから不思議なものだ。

さっそくＨＩＲＯさんに「ありがとうございました。ＨＩＲＯさんのおっしゃったとおり『ど○○子』の上に住むことにしました」と報告しに行くと、ＨＩＲＯさんはびっくりした表情で言った。

「え？　本気にしちゃった？　嘘だよ、あそこだけはやめとけって！」

「いや、俺、マジで気合い入っているんで。みなさんと同じ道を通りたいんです！」

「だから嘘だって、嘘！（苦笑）」

そんなこんなで結局、中目黒の事務所にほど近い、青葉台の４畳半のアパートを見つけてきて、そこに住むことになった。

家賃は８万円。

めちゃくちゃ高いし、やっていけるのかなと思ったけれど、この界隈では最安値（「ど○○子」の上は除く）だったので仕方がない。それに、いつでも動けるように、事務所の近くがよかった。

ありがたいことに、毎日、ＨＩＲＯさん、ＵＳＡさん、ＭＡＫＩさんと行動をともにしていて、ご飯を食わせてもらっていたので、食費はまったくかからなかった。

こうして僕の新生活がスタートした。

高校を卒業してから、ずっと闇の中を彷徨ってきたけれど、どこまでも延びる一筋の「光」をはじめて感じた瞬間だった。

未来。

希望。

可能性。

そんな「光」を僕はダンスと関わるようになってから、はじめて感じることができた。

だが――。

第5章 混沌

渾身のゲッダン

夢のような日々が幕を開けようとしていた。

いままで闇の中でもがきながら、遠くの空に浮かんでいるのをボーッと眺めているだけだったEXILEという大スターが、いつも自分のそばにいるという、信じられないような生活が東京ではじまるのだ。

いちおう面接みたいなものもあった。

USAさんとMAKIさんは、あくまでもRATHER UNIQUEのメンバーとして僕を東京に呼び寄せてくれた。そのことはHIROさんにもちゃんと許諾は得ていたそうだが、まずはEXPGのインストラクターとして働くことになったので、EXPGの立ち上げに関わっているスタッフ、つまり僕の上司になる人に一度会って、面接を受けてほしいと言われたのだ。

呼び出されたのは、当時、目黒にあったデニーズだった。

「AKIRAくんさぁ、お店に入ったら、とりあえずゲッダンしてくれる？　じゃあ、よろしくね」

上司からの電話は、そんな軽い感じのものだった。

ゲッダン（Get Down）とは両足を開脚して、ストーンと身体全体を地面につけるダンスの動きのこと。いまになってみれば、軽い口調からもわかるように、こんなものは完全にジョークだ。挨拶がわりの軽いギャグでしかない。でも、当時の僕はそれがまったくわからなかった。

「もう店に入るところから面接がはじまっているのかもしれない。どんなタイミングでゲッダンするのか、そういう部分をチェックされるのかも……」

まったく土地勘がないので、地図を見ながら、なんとかたどり着いた目黒のデニーズ。

「いらっしゃいませ、何名様ですか？」

そう聞いてくる店員さんの言葉を合図に、僕はおもいっきりゲッダンした。

いきなり視界から消えてしまった客に困惑する店員さん。

そもそも上司の顔すら知らないから、僕もどうしたらいいかわからない。

すると、ものすごくシラけた目で僕を見ている人が「あっ、ＡＫＩＲＡくん、こっちこっち」と呼び寄せた。

それがＥＸＰＧを一緒にやっていくことになる上司だった。

渾身《こんしん》のゲッダンについては、まったく触れることなく「えーっと、給料はこれぐらいでいいかな？」と事務的な話を淡々としてくる。やっと、あれが単なるギャグで、僕が空気を読まずにやらかしてしまったことを悟った。

この東京のノリには、しばらくとまどうことになる。

静岡ではダンサーやラッパーのノリは、もっと体育会系というか、ヤンキー系というか、とにかく上下関係が厳しかった。そんな中で、くだらないジョークを飛ばせるような空気なんて、とてもじゃないけどありえなかった。

それが東京では、というかＬＤＨ界隈では、ＨＩＲＯさんを筆頭にこういうフランクなノリが当たり前で、なにかあるごとに「えっ、えっ？」とどうリアクションしていいのかわからなくなっていたのだ。

それが優しさや気遣いだとわかるのは、その数年後のことだった。

面接といっても、この日はいわゆる顔合わせのようなもので、もう一緒に働くことを前提で話が進められていった。

とにかくLDHにとっても、初のダンススクール立ち上げということで、まだなにも環境が整っていない。上司はいろいろと事務的な部分で奔走しなくてはならないので、現場はほぼ僕に任された。

「えっ、EXPGって、たった2人で回すんですか？」

「そうだよ。火・水・木・金の週4日、毎日2レッスン開くから、それを俺とAKIRAくんの2人で回していくから。じゃあ、よろしくね」

どうやら僕はとんでもない荒波の中に飛び込んでしまったようだ。

インストラクター就任

2003年10月、EXPGは開校した。

開校の準備をしているあいだに22歳になったが、まだまだ若造の僕は、「あのEXILEが立ち上げたダンススタジオがオープン」という宣伝文句に「俺には看板がデカすぎる……」と冷や汗が止まらないぐらいのプレッシャーを感じていた。

僕にはこれが初のインストラクター経験。

ダンススクールに通った経験すらないから、なにをどうしていいのかもわからない。

本当にいままでは「出会い」だけでやってきた。

めちゃくちゃレベルの高い仲間と出会って、そいつらと一緒に踊ることで、グイグイ引っ張られて、自分のスキルも上がっていった。

そのダンスを見て、USAさんやMAKIさんは僕を認めてくれたわけだし、今回、インストラクターに抜擢してくれたんだろうけど、誰かにちゃんと教えてもらったものではなく、感覚だけで身につけてきたものだから、それを人に教えるだけの技量や言葉を僕は持ち合わせていなかった。

そこからはもう勉強に次ぐ勉強、である。

ダンスとはなにか？

イチからコツコツと学んでいくしかなかった。

第3章でも書いたように、最初の東京進出に失敗して、静岡で途方に暮れていた時代に、ちゃんとダンススクールに通っておけば、ここで苦労することもなかったのに……そう思っても、いまさら遅かった。

これから人にダンスを教えようとしている男が、ロクにカウントすら数えられない。結局、カウントに関しては上手な生徒を見つけては「よーし、お前に任せた」とやってごまかしてきたが、ひたすらダンスについて考え続ける日々が続いた。

手探りのスクール運営

ＥＸＰＧは最初から立派な設備だったわけではない。

とりあえず新宿村スタジオというレンタルスタジオの一室を借りた。いまは改装されてとても綺麗になっているが、当時はまだまだ雑然とした感じだった。

ダンスのためだけに作られたスタジオではないから、本当にスペースを確保しただけ。最初はそこにラジカセを持っていって、それを床に置いて音楽を流してレッスンをしていたが、みんなでいっせいに踊るから床に響く振動で、しょっちゅう音飛びしてレッスンが中断しまくった。これはちゃんとスピーカーに繋がないとダメだな、と少しずつ、設備を整えていくような、手探りのスクール運営だった。

オープン初日にはＥＸＩＬＥのメンバーも顔を出してくれた。

これには生徒も喜んだが、じゃあ、目の前でダンスを教えてくれている人は誰なんだ？という話になる。やたらとでっかくて色の黒い、はじめて見る無名の男。後ろで見ているＥＸＩＬＥメンバーのありがたみとのギャップはハンパなかった。

正直「ＥＸＩＬＥのメンバーが教えてくれるスクール」だと勘違いして入校する生徒も当時はたくさんいた。事実、忙しい本業の合間をぬって顔をだしてくれるＨＩＲＯさんやメンバーが、たまに私服姿のまま、飛び込みで教えてくれるようなこともあったけれども、それはあくまでもイレギュラーなことで、インストラクターはこの僕なのだ。

生徒の中にはもともとＨＩＲＯさん、ＭＡＴＳＵさん、ＵＳＡさん、ＭＡＫＩさんのお弟子さんだった人もいて、レベルがかなり高かった。

毎日、生徒に「試されている」気分。

自分よりもダンスがうまい人たちに、ＥＸＩＬＥの看板を背負って教える。

なにをどうしたらいいのか？

レッスンがない日も１人でスタジオにこもって考える。スタジオは地下にあったので、陽も当たらない。時間の経過もわからない場所に、毎日ひたすら、たった１人でこもっていた。密閉された空間で、正解もない自問自答を繰り返す日々に、ますます精神状態はおかしくなっていった――。

ＥＸＰＧにはキッズクラスもあった。

こう見えて、子どもは大好きなので、子どもたちを指導するのは楽しかった。

たまにデパートの屋上に呼ばれて「ＥＸＩＬＥジュニア」みたいな形でステージを借りてパフォーマンスを披露することがあった。

そういうときは、完全に引率係だ。

そして、ステージがはじまると、ホームビデオを回す係になる。

大変なのは子どもたちの世話よりも、父兄に対するケアだった。

イベントのたびに「どうしてウチの子が真ん中じゃないの？」と言う父兄の方がいた。

もちろんみんな我が子がかわいいから、必死でアピールしてくる。

こっちもあくまでもＥＸＩＬＥの看板を背負っているから、ていねいに接しなければいけない。

「あのですね、いま真ん中で踊っているお子さんのほうが、ちょっとだけ技術が上なんですよねぇ～」と、腰を低くして、ていねいに説明する。これもまた大事な仕事だった。

当時はまだアパレル部がなかったので、衣装も自分で考えた。

考えたというのは言いすぎで、ＥＸＩＬＥがライブで使った衣装のレプリカ的なものを、ＨＩＲＯさんやメンバーに許可をもらって、子どもたちに着せてあげたのだが、デザインを自分で決め、工場への発注も自分でやった。

なにげにクリエイティブな作業が多かったし、とにかく成長するのが早いから、子どもたちは教え甲斐があるというか、新米の先生としては一緒に成長している感覚も味わえて、とても楽しかった記憶しかない。

当時の教え子たちの中には、いま芸能界で活躍している子も少なくない。その子たちには「ＡＫＩＲＡ先生はすごく優しかった」と言われるのだが、それは心から楽しんでいたから。

当時の僕にとって、キッズクラスは唯一の癒やしだったのかもしれない。

「夢のような生活」の現実

ストレスが溜まりすぎたのか、いつからか、僕は週に一度、高熱を出すようになってしまった。あきらかに心と身体が悲鳴をあげていたんだろう。

毎日、考え込んで、眠れなくなる。

眠れないから、毎日のように酒を飲む。

若かったから、まだ酒の飲み方もよくわかっていなかったし、あきらかに飲みすぎていた。だから、酔った勢いで暴れることも多々あった。

唯一、ブレーキをかけてくれたのは仕事に対する責任感だった。

もし、ここで僕が暴れて、誰かをぶん殴って怪我でもさせたら「AKIRAが乱闘騒ぎを起こした」とは報じられない。「あのEXILEのインストラクターが暴行」と騒がれることは必至。確実にEXILEのみなさんに迷惑をかけることになる。

だから、拳を振るうことはなかったけれども、こっちが手を出さなければ一方的にボコられるだけだ。

おもいっきり顔面が腫れあがり、それを隠すためにサングラスをかけたまま、授業をやったことも一度や二度ではない。

当時、未熟だった僕は完全に自暴自棄になっていた。

それを考えると、よくＨＩＲＯさんは僕にＥＸＰＧを任せてくれたなと思う。ひょっとしたら喧嘩などのトラブルで大迷惑をかけるかもしれないのに、僕を信用して、すべてを任せてくれた。アイデアはいただいても、本当にスクール運営については「こうしてほしい」「ああしてほしい」と言われたことは一度もない。裏ではいろいろと動いてくれていたのだが、僕に対しては「ＡＫＩＲＡに任せたから」のひとことだけだった。

その信頼に応えなくちゃいけない、と思っていたから、なんとか踏ん張ってこれた。現場をすべて任せてくれたのは、本当にありがたいことだった。

RATHER UNIQUEの活動とインストラクターとしてレッスンをする日々。

ダンスのことだけ1日中考えていられるこの生活は、それまでのアルバイト生活から考えれば夢のようだった。

だけど、実際にやってみてわかったのだが、あのバイト生活のほうがよっぽど楽だった。

1日24時間好きなダンスに費やしていいと言われることほど、当時の僕にとって酷なことはなかったのだ。

ダンスを仕事にすることを目指してきたが、こんなにも大変なものなのか、と痛感した。ここではじめてエンタテインメントの世界のスタートラインに立つべく、超えなくてはいけない壁にぶち当たったような気がする。

この壁を超えなくてはいけない。

ただ、そのやり方がわからない。この自分自身との向き合いがのちに自己プロデュース力をつけることに繋がるのだが、当時はその鬱積がMAXに達してたびたび高熱を出していたのだろう。体調は悪くても、若いからエナジーだけは満ち溢れている。そのエナジーの使い方がよくわからないし、発散する場所もないから、結局、夜中にクラブで酔っぱらって暴れることになる……「夢のような生活」を送るはずだったのに、気がついたら「二度と戻りたくない」と思っていた、あの頃の生活に近づいてきていた。

自問自答の末の覚悟

この時期、USAさんとMAKIさんは僕をよくクラブに遊びに連れて行ってくれた。

2人はあまり後輩を連れて歩くタイプではなかったから、僕が一緒にいるだけで目立っていた。

そして「あの2人と一緒にいるなんて、すげぇ」という羨望《せんぼう》の眼差《まなざ》しを向けられる。

クラブにいる人たちからの視線が痛かった。

「なんであんなヤツが一緒にいるの?」

絶対にみんなそう思っているはずだ。


レッスンをしていると、生徒がこんなふうに思っているんじゃないかと、頭をよぎる。

「なんであんなヤツがインストラクターをやってるの?」

確かに、自分なんかに教わりたくないだろう。僕よりもダンサーとして有名なヤツもたくさんいるのだから。


EXPGを任せてもらっているからとか、生徒たちのほうがすごいとか、そういう単純なプレッシャーで片付けられる話ではなかった。

リアルな自分と理想の自分が、もうぐちゃぐちゃになっていた。

ＨＩＲＯさんをはじめ、ＬＤＨのみなさんが僕を受け入れてくれて、純粋に仲間として認めてくれている。だからこそ、その気持ちに応えたい。だけど、自分はなにひとつ満足にできていないのだ。まだ何の結果も残していないし、何者でもない。まだまだスキルも低いし、未熟なのになぜみんなこんなによくしてくれるのだろう？

僕にそんな価値はあるのだろうか？

……常にこんな自問自答をしていた。

そんなことを気にせず開き直っていたら、ものすごく楽しい日々を送れたと思う。

でも、僕にはそういう要領のいい生き方はできなかった。

そう思ってしまう理由もわかっている。

自分に自信がないからだ。

ＥＸＩＬＥのみなさんと一緒にいるから視線を感じる。

ＥＸＰＧのインストラクターという肩書があるから、注目してもらえる。

そう、でかい看板の横に立っているから、なんとなく自分もでかく見えているだけなのだ。

だけど、自分はまだまだ彼らと同等に、隣にいられる存在ではない。それは自分が一番よくわかっている。

じゃあ、いまの自分からＥＸＩＬＥという威光をとってしまったら、いったいなにが残るというのか?

……なにもない。一度目に上京したときと、なにひとつ自分は変わっていないのだから。

かつてあった「根拠のない自信」じゃない、「本当の自信」をつけないといけない。

そのための行動を、自分がしていかなくちゃいけない。

自分なりに精いっぱい考えたときに、自分のやるべきことがわかった。

僕は行動を起こすことにした。

底辺からのスタート

僕はＭＡＫＩさん、ＵＳＡさんと少し距離を置こうとした。

一緒にクラブへ行っても、入ったらとにかく別行動をとるようにしたのだ。

もちろん大好きな先輩たちと一緒になって盛り上がっていたほうが楽しい。

だけど、クラブでは僕と同世代のダンサーが一生懸命バトルをしていたりする。

僕が本来やらなきゃいけないのは、あっち側のはずなんだ。

「ＥＸＩＬＥのみなさんに可愛がってもらっている自分」と「ＥＸＰＧのインストラクターの自分」を取り払った「自分」。それがいまの僕、本来の立ち位置であるはずだ。

そう考えたら、まず自分がやるべきことは、行動をともにしているＥＸＩＬＥのみなさんと同じ目線に立たない、ということだった。

一歩や二歩下がるんじゃなくて、１００段ぐらい下がる。それが本来の僕の立ち位置なんだから、当たり前だ。

そうしないと、ＥＸＩＬＥのみなさんと並んでも恥ずかしくない、自然体でいられる自分にはなれない。

だから、ＨＩＲＯさん、ＵＳＡさん、ＭＡＫＩさんたちが歩んできた道をなぞるように、「下積み」を重ねよう。

イチから出直そうと思って、同じ境遇の同世代の仲間を探した。

そんなときに出会ったのが、いま一緒にEXILE、EXILE THE SECONDで踊っているTETSUYAやKENCHI（橘ケンチ）だった。

東京進出を目指して横浜、横須賀界隈でダンスをやっていた2人に出会ったのは、横浜だった。

「一緒に東京でカマしてやろうぜ！」

そうして彼らと一緒にクラブのショーに出はじめると、メインゲストが自分の教え子のEXPGの生徒だった……というねじれ現象が起きている現場もあった。

それでも人目を気にせずカマしていくことを選んでいった。

普通だったらナメられてしまいそうなものだが、ゲスト側で呼ばれている生徒たちが、必死に踊っている僕の姿を褒めてくれ、慕ってくれるようになった。

東京に出てきて、はじめて褒め言葉を素直に受けとれた瞬間。

うん、これでいいんだ。


そうなったときにはじめて、周りからどう見られているか、ということが気にならなくなった。

これまで、自分がどう見られたいか、どう見られているのかを気にしすぎていた。

ふと、「地球規模で考えたら、誰も俺のことなんか気にしてねえよな。俺のことなんて誰も興味ねえし、まずなにを勘違いしていたんだ！」と思えた。

だいぶ気が楽になった。

ただ、この「下積み」の状態がいつまでも続いていたら、それはそれでいけない。

底辺からスタートして、自力で東京のダンスシーンでトップクラスまでのし上がること。やっと身の丈に合った生き方が見つかり、狂いまくっていた歯車が、ようやくゆっくりと噛み合い出した。

「100段下がる」

結局、僕は「贅沢病」に陥っていたんだと思う。

あまりにも恵まれた環境。

あまりにも偉大すぎる人たちに囲まれての活動。

本格的に始動したRATHER UNIQUEでは、USAさんもMAKIさんもMCに徹していたから、EXILEのときとは違い一緒に踊ることは少なかった。

3曲あったら3曲、5曲あったら5曲が僕の「ソロ」になる。

1人だからフォーメーションもないし、振り付けもお任せだった。

ここでもまた「自由」に苦しむことになるのだが、こんな贅沢な話はない。

つまるところプロ意識がまだ低いから「自由」を楽しむことができなかったんだろう。


僕はUSAさんからもMAKIさんからも、なにかを指示されたり、怒られたりした記憶がほとんどないのだが、一度だけ、ものすごく諭されたことがある。

まだ週に一度、謎の高熱にうなされていたあるとき、それがライブの日に重なってしまったことがあった。

僕は電話で「すいません。今日、ちょっと無理かもしれません。キツいっす」と泣きごとを言った。いつも優しいMAKIさんに甘えていたんだろう。

でも、MAKIさんは険しい声でこう言った。

「プロとして、前から決まっているステージに穴を空けるのはありえないよ。どんなにキツくても、それだけは言っちゃダメだよ」

反論の余地はなかった。


まだまだ自分には甘えがある。

2人の威光に甘えているうちは、親のスネをかじっているようなものだ。

だからこそ、そこから離れなくちゃいけない（結局、クラブで喧嘩を起こしそうになるところを2人に止められたりして、その「親」に面倒をかけることになるのだが……）。

100段下がる、ということはUSAさんやMAKIさんが10年前にやってきたことを、僕が追体験する、ということでもある。

いや、僕は先輩方の背中を見ることができるが、まだパフォーマーの地位が確立されていなかった時代、先輩たちは自分の力で道を切り拓いていった。

どんなに自分を厳しいところに追い込んだつもりでも、どこかでやっぱり贅沢さがついてまわる。そこに甘えないよう、気を引き締めながらRATHER UNIQUEと並行してクラブで活動し、僕たちは2年かけて、東京のダンスシーンを駆け上がっていった。

第6章
解放

生徒への怒り

東京に出てきてから、ずっと身にまとっていた自信を持てない自分、そしていろんなことを気にしすぎている自分……。そうした「いらない鎧《よろい》」をやっと脱ぎ捨てることができたような気がした。

ＥＸＰＧもどんどんうまく回るようになり、生徒たちがサポートダンサーとしてライブに呼ばれるようになったり、ＥＸＩＬＥの楽曲のＰＶに出られるようにもなってきた。

それ自体は理想的な話だ。

自分に目標もなく、夢に向かっての道筋もわからず、ただなんとなく踊ってきた時期があっただけに、こうやって目の前にわかりやすい目標があるだけで、生徒たちのモチベーションも上がる。どんなにレッスン場で汗を流しても、ステージに立てなければ報われないことは、インストラクターの僕が一番わかっていた。

なによりも僕が立ち上げを任されたスクールが、こうやって人材育成の場として、着実に結果を残しはじめていることが嬉しかった。

地下のスタジオにこもって、昼か夜かすらわからないような生活をして、自問自答を繰り返す日々を送ってきた時期を思えば「あぁ、これでよかったんだな」と安堵《あんど》もできたし、すべてを任せてくれたHIROさんに対しても、少しは恩返しができたような気もしていた。

それだけ想いが深かったぶん、変なところでイキリ立ってしまった。

EXILEのサポートダンサーに抜擢されたり、仕事の現場に出るようになった生徒たちの一部が、レッスンを遅刻したり、甘えた行動をするようになったことがあった。

明らかにサポートダンサーの仕事もレッスンも軽視している。「俺たち、もうステージに立ってるんだから、レッスンはそんなに頑張らなくてもいいっしょ？」という考えが、レッスン中の態度にも表れていたのは、彼らの表情から見てとれた。

これに対して、僕は激しくキレてしまった。

EXILEのメンバーを近くで見ている人間としては、あのステージはそんなに軽い気持ちで上がれるものじゃない、というリスペクトがあった。それをあたかも「このスクールに通っているんだから、上がれて当たり前」みたいな顔をして、なおかつ日ごろの鍛錬《たんれん》をないがしろにしているのだ。

ナメられている。

俺も、スクールも、なんならＥＸＩＬＥもナメられている。

どうにも我慢できなくなって、僕は生徒たちにまくしたてた。

「東京にはいくらでもダンススクールはある。そんなやる気のない態度でレッスンしにくるぐらいなら来なくていい！　ヨソへ行けよ。なんなら俺が紹介してやろうか？　やる気のないヤツは出ていけ！」

自分の中にあるＥＸＩＬＥ愛、ＬＤＨ愛がちょっと歪《ゆが》んだ形で爆発してしまった。


結局、生徒たちと話し合い、冷静に自分の考えを伝えたら、誰も辞めずにスクールに残ってくれた。それどころか、いまＬＤＨのスタッフとして働いてくれている人までいる。

自分の考えは間違ってはいなかった。

自分の力で一歩ふみだせたからこそ、先輩たちへのリスペクトが深まっていた僕は、彼らの行動が本当に許せなかったのだ。

ただ、感情の出し方は完全に間違っていた。僕の悪い癖だ。

史上最大の失態

この自分なりの下積み時代には、絶対に当たってはいけない恩人に、八つ当たりのようにしてありえない口調で歯向かってしまったこともたくさんあった。それに対し、真剣に向き合ってくれた先輩から制裁をくらったこともある。

ＭＡＫＩさんが体を張って教えてくれたこともあった。大人になって、ここまで真剣に自分に向きあってくれる人はそういない。いつも優しいＭＡＫＩさんだったからこそ、自分も本当に反省した。ＭＡＫＩさんの心も僕以上に痛かったはずだ。

少しずついろんなことがうまくいき、歯車がまわりはじめていたあるとき、ＥＸＩＬＥ史上最大の失態を犯してしまう。

いま思い出してもあんな失態はないほどの大失態だ。

ある出来事により、僕は大怪我をしてしまったのだ。

見事にアゴの骨が折れてしまい、僕は入院して、手術することになってしまった。

歯と歯のあいだをワイヤーで縛り付け、口を開けられないよう完全に固定していたので、食事すらできない。この状態が2カ月は続く、と医師に言われて愕然《がくぜん》とした。RATHER UNIQUEのステージにも出られない。

ＥＸＰＧのレッスンも一切できない。

完全に自分の過ちだった。

めずらしくＨＩＲＯさんにも怒られた。僕のとった言動もそうだが、結果として2カ月も休むことになってしまったことに対して、である。

「2カ月も休む？　本来ならありえないよ。すべては自分で蒔《ま》いた種だろう？　それで『休みます』なんてありえない。仮にもプロなんだよ。デビューしていなくても、お客様の前でステージに立っているならプロと一緒なんだから。お前の言いぶんは通らないからな」

即刻、解雇になってもおかしくなかった。

それでも、ＨＩＲＯさんは優しかった。「早く治せよ」と最後には笑いながら言ってくれた。

本当に僕は周りの人たちの優しさに救われてきた。

ＵＳＡさんには、完全にあきれられていた。その出来事には、さすがのＵＳＡさんも厳しかった。完全に僕が悪かったから、むしろそれがありがたかったし、その厳しさの中にもUSAさんなりの優しさを感じた。

MAKIさんは入院していた2カ月のあいだ、毎日お見舞いに来てくれた。ちょうどはじめてのドラマの撮影に入っていて、めちゃくちゃ大変な時期だったので固辞したが、それでも毎日来てくれた。LDHのアーティストで、俳優の道をはじめて切り開いたのがMAKIさんだった。先駆者だったぶん、きっと大変なこともあったと思う。そんな中、毎日欠かさず顔をだしてくれたのだ。ありがたさと申し訳なさで胸がいっぱいになった。

現在、LDH JAPANの代表取締役CEOを務める森雅貴さん、双子の弟のCOOの森博貴さんもデビューすらしていない僕を本当に心配してくれた。家族にも迷惑をかけた……。


若さゆえの暴走で、自分が制御不能になってしまった時期のことだった。

本当に最低だ。バカだ。

申し訳ないことをしてしまった自覚は、もちろんある。

ただ、絶望感はなかった。

闇の中にはいるけれども、すぐそばに眩《まばゆ》い光が存在する。

絶望の壁の向こう側には無限大の夢が転がっている。それは、EXILEやLDHが身近にあったからだ。

自分が変わりさえすれば、生まれ変わりさえすれば、いつでもこの闇から脱却できる手応えがあった。一度、経験してきていることだからこそ、人生最悪の状況でも、どこか冷静に俯瞰で見ることができて、「ここが底だな。これ以上は下がることはない」と、僕は覚悟を決めた。

20代のうちに、それも前半のうちに人生のどん底を二度も味わった。

そのことが間違いなく僕を強くしてくれていた。

この出来事で、僕はものごとがうまくいっているときこそ、気を引き締めなければいけない、と思うようになった。

いつ、どこで、なにに足元をすくわれるかわからない。ちょっとした気の緩みから、よくないことを引き起こすこともあるのだ。そうしたひとつの教訓が、僕の心に刻まれた。

RATHER UNIQUE活動休止

2カ月間の療養生活で、僕はすっかり痩せこけてしまった。

そりゃ、そうだ。流動食だけで生きてきたんだから、無駄なカロリーなんて摂取しようがないし、飴玉ひとつも舐められない。

とにかく、一日も早く復帰したかった。

その前にＨＩＲＯさんをはじめとして、迷惑をかけた先輩方や仲間たちに謝罪をしなくてはいけない。

最初は丸坊主にしようと思っていた。

ずっとトガったファッションだった僕が頭を丸めたら。それだけでインパクトがあるし、めちゃくちゃ反省しているように見えるだろう。

でも鏡に映ったげっそり痩せこけた自分の顔を見て「これで丸坊主にしたら、余計に心配させるよな」と思った。

もちろん反省するのは大事だし、反省している気持ちを伝えるのも大事だ。

だけど、それを僕はこれから行動で証明していかなくてはいけない。丸坊主にして、形だけ伝えるのは違うと思ったのだ。

「よっしゃ！　ここはもう前を向くしかないっしょ」

謝罪に行く前に、僕はボサボサになった頭をド派手なドレッドにした。

もしかしたら「ふざけんなよ！　お前、まったく反省してねぇじゃん」と怒られてしまうかもしれないけど、そんなことよりも前を向いている姿を見せたかった。

「本当にすみませんでした！」

ドレッドヘアで謝罪する僕の姿に、みんな半分あきれながらも「わかったよ、頑張れよ」と笑いながら受け入れてくれた。ようやく自分も東京流のジョークを自分から発信できるようになったようだ。……いや……このジョークの使い方は間違えているかもしれないけれど。


それから、しばらくして僕はあるカフェに呼ばれた。

RATHER UNIQUE活動休止。

いろいろな事情があり、約3年の活動に幕を下ろすことが決まったという。

僕はRATHER UNIQUEに加入するために上京してきたのだから、そのユニットが解散するとなったら、ある意味、お払い箱になってもおかしくはない。

数カ月前までの僕だったら「じゃあ、どうすればいいんだ」とうろたえていたかもしれないけれど、どん底を見てきたからか、自分でも驚くほど冷静に現実を受け入れていた。

「おかげさまでＥＸＰＧも軌道に乗ってきましたし、僕はインストラクターを続けながら、またクラブで踊る生活を続けます」

ＴＥＴＳＵＹＡやＥＸＰＧのインストラクターでもあったＳＥＶＡさん、ＰＡＴＯさん（現ＥＸＰＧの社長）たちと組んだクランプチームのRAG POUNDを結成し、活動していた。

このまま自分の切り拓いた道を突き進んでいけば、おのずと未来と夢は見えてくるはず。自分でも驚くほどポジティブな思考ができるようになった。

上京してから3年、僕に大きな転機が訪れようとしていた。

「10年に1人の逸材」

「ＡＫＩＲＡ、役者をやってみないか？」

いきなりＨＩＲＯさんから、そう言われた。

ＨＩＲＯさんにはRATHER UNIQUEの活動休止が決まった時点で「俺がなにか道を考

えてやるから」と声をかけられていたが、その道はまったく想定外で、これまで考えたこともなかった役者へと繋がっていた。

当時からLDHに俳優部は存在していたけれど、自分たちで人材を育てるところまでは、まだ手が回っていなかった。

大げさに言えば、俳優の世界にパイプのない状況だった。

昔から一緒に食事をさせてもらう中で、HIROさんがLDHをもっと大きくするためにたくさんのプランを持っていることは知っていたし、役者の育成や演劇をやってみたい、という夢があることも聞いていた。

断る理由はないし、あれだけのことをやらかしたのに、クビにせず、LDHに籍を残してくれたのだから、なんだってやらなくちゃいけない。

とにかく、すべてHIROさんに応えたかった。

もしこれがダンスの話だったら、こちらからもいろいろとアイデアを出すこともできたかもしれないけれど、まったく未知の世界すぎて、お任せする以外に選択肢はなかった。

のちに聞いた話だが、いきなり、こんな売り文句で僕をセールスしていたのだ。

「ウチにＡＫＩＲＡって若いのがいるんですけど、コイツがすごいんですよ。『10年に1人の逸材』ですから。どうです？　興味ないですか？」

この話に乗ったのが、劇団方南ぐみの樫田正剛《かしだしょうご》監督だった。

普段は優しいが、演劇の現場となると「鬼監督」として有名な人だった。僕は「鬼監督」に縁があるようだ。

「ＨＩＲＯがそこまで言うんだったら、間違いないだろう。一度、ウチに来させてもらえますか？　とりあえず演技を見てみたい」

僕がまったく知らないところで、そんな話が着々と進められていた。

こういうときのＨＩＲＯさんの行動力は、本当にすごい。

補足すると、樫田監督はのちにＥＸＩＬＥの「道」という楽曲の歌詞を手がけてくれた人物でもある。

どん底からのリセット

「ＡＫＩＲＡ、例の舞台の話が動きはじめたよ。とりあえず、明日、テストみたいなものがあるらしいから、これ覚えてきて」

そう言って、森雅貴さんから、あの名作ドラマ『ふぞろいの林檎たち』の台本を渡された。

台本、といっても分厚いものではなくて、あるシーンだけを抜き出した3ページ程度の薄いもの。ただ、どの役をやるとか、どのセリフを言わせるかとかを事前に教えてもらえないので、まるっと覚えていかなくてはいけない。

昨日の今日でテストが決まったので、これといった準備もできないまま当日を迎えた。当然、僕はＨＩＲＯさんが「10年の1人の逸材」と売り込んでいることを知らない。そのつもりで待ち構えていた劇団側は、いきなりドレッドヘアで色黒の大男が稽古場に現れて度肝を抜かれたことだろう。この風体でだぼだぼのジャージを着たまま『ふぞろいの林檎たち』を演じる逸材。まぁ、ありえないシチュエーションだ。

自分ではうまくできたかどうかもよくわからなかったが、樫田監督は「ほぉ、筋はいいねぇ」とだけ言ってテストは終了。これで僕の初舞台出演が決まった。

僕が抜擢されたのは劇団方南ぐみの『あたっくNo．1』という作品だった。

軍人モノで潜水艦が舞台だという。

こっちは気合いが入りまくっているし、本当に単純だから「軍人モノか。じゃあ、髪の毛を短くしないと……ドレッドをほどくのもめんどくさいし、丸坊主にするか」と、なんにも考えずに頭を丸めてしまった。

どっちにしても、例の謝罪のときに一度は丸坊主にしようと考えていたのでなんの抵抗もなかった。

むしろ出家するぐらいの気持ちで、頭を丸めた。

まったく経験したことのない世界で、自分を叩き直したい。

ちょっと意味合いは違うかもしれないけど、未知の世界に新弟子として飛び込むことで精神修養ができる、というイメージもあった。

これまでは恵まれすぎた環境の中で、なかなか大人になることができず、「なんでこんなに恵まれているのに、うまくいかないんだろう？　こんなに素晴らしい環境なのに、なんで辛いんだろう、苦しいんだろう……」と追い込まれていったが、はじめて経験する役者の世界では辛くて苦しいことは大前提だ。

ここで生まれ変わるんだ。

ここでいったん自分の人生をリセットすれば、きっと、また新しい世界が見えてくるに違いない。

どん底からのリセットに、僕は懸けた。

ただ、いろんな現場を経験したいまなら、その行為がいかにムチャクチャだったのかがわかる。まだ配役も決まっていないのに、勝手に丸坊主にするなんてこと、タブー中のタブーだ。もし「潜水艦で働く料理長」みたいな役が回ってきたら、わざわざ角刈りのカツラを被《かぶ》らなくてはいけなくなる。まぁ、少なからずドレッドヘアのままでいい役なんて、軍人モノでは存在しないから、なんらかの形で切らなくちゃいけなかったけど、丸坊主は先走りすぎた。

舞台への初挑戦

幸いにも僕に与えられた役は二本柳肇《にほんやなぎはじめ》一等兵。丸坊主で問題なかった。

顔合わせの日。

役者さんたちはそれぞれ面識があるから「最近、どう？」「久しぶり！」と話が弾んでいるが、僕には知り合いが1人もいない。

そもそも、こういうときにどんな顔をして、どういう佇《たたず》まいをしていればいいのかもわからない。仕方がないので端っこでじっと座っていた。あんまり姿勢が悪くても失礼かな、と思って、なんとなく背筋をピンと伸ばして礼儀正しくしていた。

すると樫田監督がこう言った。

「みんな、ＡＫＩＲＡを見てくれ！」

いきなりのことでびっくりして、そのまま固まってしまった。

「コイツはもう頭を丸めて、今日もずっと背筋を伸ばしている。わかるか？　ＡＫＩＲＡはもう軍人になりきっているんだ！」

（いやいや、監督、全然、違いますけど！……なんて言える空気ではない……）

「いいか、今回は軍人の話だから、男しかいない。遠慮なく厳しくいくから覚悟しておくように。いま、俺から言えるのは『AKIRAのようにあれ！』だけだ。以上！」

（やべぇ。期待値が高すぎる……）

思いもよらぬ流れではあったが、結果としてお得意の「一発カマしてやったぜ」状態になったものの、ダンスと違って、ここから先はまったく実力がない。この日は顔合わせだけだったので、なんとかごまかせたが、すぐにボロが出るのはわかりきっていた。

台本の読み合わせで、それは早速、露呈した。

セリフまわし云々の前に、台本に書かれている漢字がまったく読めないのだ。

あぁ、高校入試のときに、もうちょっと勉強しておけばよかった。あのとき、先生があえて一般入試に回してくれたのは、のちのちこういうことがあるからだったんだな、と甘酸っぱい思い出が頭をよぎる。

「どうした、ＡＫＩＲＡ。忙しくて台本を読む時間がなかったか？」

監督はいまだに「ＨＩＲＯが推薦した10年に1人の逸材」だと思い込んでいるから、逆に心配してくれる。僕は、ひたすら苦笑いでごまかした。

そして、立ち稽古。

ステージで動くほうがまだ気が楽だと思っていたが、セリフをしゃべりながら動くなんて器用なこと、まるでできない。

動けない。漢字が読めない。

さすがに監督も、僕がド素人であることに気づきはじめた。

休憩中、監督は共演者の平賀雅臣《ひらがまさおみ》さんを呼び出して、こう耳打ちしていた。

「どうもＡＫＩＲＡの気持ちが入っていない。午後の稽古で平手打ちをするくだりがあるでしょ？　あそこ、カタチだけじゃなくて、本気で張っちゃってくださいよ」

さすがに平賀さんは「無理ですよ」と断ったようだが、それでも監督は「アイツに気合いを入れて、役者に大切な感情を引き出させたいので、よろしくお願いします」と頼み込んだという。

そのシーンがはじまった。

まったく無防備だった僕の顔を、平賀さんはガチで張った。

あまりの威力に軽い脳しんとうみたいな状態になった。一瞬、完全に意識が飛んだ。そして、気がついたら、僕は本能的に平賀さんを押し倒して、馬乗りになって殴りかかろうとしていた。

最初は周りの人間も「これは迫真の演技だな」と感心して見ていたようだが、僕が殴りかかろうとしたのを見て「ヤバい、マジだ！　止めろ！」と全員で止めに入った。

わけがわからない僕に対して、平賀さんが「ＡＫＩＲＡくん、ごめんね。だから、俺は嫌だって言ったんだよ」と事情を説明する。よく見たら、平賀さんのシャツはビリビリに破れている。一瞬、意識を失っているあいだに僕はどれだけ激しく暴れたのか？　これにはさすがに自分が怖くなった。

「まぁ、アレだ。怒りの表現ってのは、そういうことだ。うまく演技に活《い》かすように」と言葉を濁した監督だったが、完全に僕が単なる「でくのぼう」であるとバレたようだ。

「よし、明日からお前のメニューだけ大幅に変えよう」

翌日から、みんなが立ち稽古をしている横で、僕だけ壁に向かって基本的な発声練習や滑舌をよくするための早口言葉を延々とやらされた。まさに役者修行の入門。役者とはなにか、というものを基礎の基礎から叩きこまれる。

毎日、声が出なくなるまで発声練習。

少しでも気を抜くと、監督から灰皿が飛んでくる。

誰よりも早く稽古場に入り、最後には掃除をして帰る日々がずっと続いた。

さすがにそれでは不憫《ふびん》だと思ったのか、監督からこんな提案があった。

「お前の取り柄といえばダンスだろ？　実はオープニングでみんなで踊るんだけど、その振り付けをしてくれないかな？」

僕のいいところをフックアップしてあげよう、という監督の心遣いは嬉しかったが、「すみません、それだけはできません」と僕は断った。

今回、ダンスは封印したかった。

そういう得意技に頼らず、1人の役者として勝負をしたい。そうでなかったら、せっかく未体験ゾーンに飛び込んだ意味がない、と思ったからだ。

それまで僕は、自分の仲間やEXILEメンバー以外の誰かが作ったダンスを踊ることに、ものすごく抵抗があった。

ひとことでいえば「ダセー行為」だと思っていた。

こんなもん踊るぐらいだったら、もっとかっこいいダンスを俺が考えてやるよ、と。そんなちっぽけなこだわりも僕は捨てた。

「すみません。劇団員の作ったダンスを、僕は全力で踊らせていただきます。だから、今回は役者だけに専念させてください。よろしくお願いします！」

なんにもできない素人が、なにを偉そうなことを語っているんだと思われたかもしれない。でも、監督はそれを受け入れてくれた。

こうして、初日の幕があがった。

覚悟の先の夢

僕は無我夢中で初舞台を演じた。

会場には連日、メンバーが観に来てくれた。

最初はみんな驚いていた。

いきなり坊主で、パッツンパッツンのタンクトップと短パン姿で出てきて、敬礼をする僕を見て、普段とのギャップに誰もが衝撃を受けたという。

ATSUSHIくんは3回も観に来てくれた。サングラス姿だったので、すぐにわかったし、何度もサングラスをズラしては涙を拭っているのもステージ上からよくわかった。

ダンスの世界とは、まったく逆だった。

軍人モノということもあって、華やかさは一切ない。

イチから自分たちで作って、公演が終わったら、自分たちでセットをバラして、それをトラックに積むところまでやる。

いわゆる客演扱いだったら、ここまでやらせてもらえなかった。

最初のテストから、まるまる3カ月。

それを下積みと呼ぶのはおこがましいけれど、これまでの実績も、プライドも、なにもかも捨てて、一介のド新人として舞台演劇に向き合えたことは、本当によかった。


千秋楽のエンディング。

監督がひとこと添えて、キャストを送り出してくれる。

「初舞台、立派に務めあげました。二本柳一等兵役、ＡＫＩＲＡ！」

そう紹介されたとき、これまでの人生でこんなに泣いたことがあったかな、と思うぐらい、涙が止まらなくなった。何年かぶりに、綺麗な涙を流したような気がした。

お前、主演かよ、とからかわれるぐらい大泣きしてしまったが、それはこの舞台に東京に出てきてからの3年間が集約されていたからだったんだろうなと思う。

闇から抜け出したと思ったら、また闇に堕《お》ちる。

自分が何者かわからなくなって、もがき続けた3年間。

この舞台で一度、すべてをリセットし、その上で千秋楽まで走り抜けることができた喜び。それをＥＸＩＬＥのメンバーが見守っていてくれたありがたさ。

そのすべてが涙になって、舞台の上に零《こぼ》れ落ち、染みこんでいった。


この頃、すでに「ＥＸＩＬＥ第二章」の準備が水面下で進められていて、「ＡＫＩＲＡをメンバーにしてはどうか？」という話が出ていることは、うっすらと耳にしていた。

それは僕に決められることではないから、どうすることもできなかったけれども、この舞台を観たメンバーたちが「やっぱりＡＫＩＲＡをメンバーに入れよう」と全員一致で決めた、とあとから聞いた。

ダンサーとしてではなく、パフォーマーとしてでもなく、１人の「人間」として、みんながこの舞台を通じて認めてくれたのだ。

こうして僕は、ＥＸＩＬＥのメンバーになった――。

夢とは、覚悟を決めた瞬間に動きはじめることを知った。

遠回りが一番の近道であることも、ここで知った。

覚悟を決めた瞬間、夢のほうから近づいてきた。

すべての経験をひっくるめて、HIROさんは「10年に1人の逸材」だと言ってくれたのかな、とも思う。

夢を叶えた日

2006年6月6日。

僕は正式にEXILEのメンバーになった。

とはいっても、コンサートのステージ上で大々的にお披露目されたわけでもなければ、金屏風《びょうぶ》の前で記者会見を開いたわけでもない。

この日、新しいボーカルを探すための「EXILE VOCAL BATTLE AUDITION」の開催が発表された。それを伝える新聞記事に「新メンバーのＡＫＩＲＡを加え、６人で再始動したＥＸＩＬＥが新しいボーカルを募集する」となにげなく書いてある。

対外的には派手に告知することなく、もう僕はＥＸＩＬＥに入った人、という形で紹介されていた。こんなにシレッと加入したメンバーはあとにも先にも僕だけだ。

新聞記事を読んだ母ちゃんから電話がかかってきた。

「あんた、いつの間にＥＸＩＬＥになったの？」

親にはなにひとつ伝えていなかったので、そりゃ、驚くのも当然だ。

もし、大学に進学していたら、ちょうど卒業するタイミングだったから、ギリギリのところで親にはいい報告ができたかなと思ったけど、東京に出て行ったきり、なにをやっているのかよくわからなかった息子が、いきなり国民的グループの一員になっていたと新聞で知ったら、誰だって腰を抜かすだろう。

この時期、静岡にはほとんど帰っていなかった。

あまりにも闇の深い青春時代を過ごしてしまったので、「あの時代にだけは戻りたくない」という思いが僕の足を故郷から遠のけていた。

僕が加入したところから、「ＥＸＩＬＥ第二章」は始動する。

この年の3月にボーカルのＳＨＵＮさんが脱退したことで、ＥＸＩＬＥは新しい道を模索していた。

そのひとつが新ボーカルを探すためのオーディションだったが、その前に僕を加入させるというのは、自分でもびっくりだった。


実は、僕のＥＸＩＬＥ加入の背景には立役者がいる。

ＨＩＲＯさんとは365日中360日と言っていいほど、毎日のようにお酒の席をともにしていたが、そこに同席していたのが、森雅貴さんと森博貴さんだった。

酒が入っていることもあって、森さんたちはしょっちゅう、こんなことを言っていた。

「ＨＩＲＯさん、ＡＫＩＲＡがＥＸＩＬＥに入りたいらしいですよ。ＡＫＩＲＡ、言っちゃえよ」

たしかにＥＸＩＬＥには憧れていた。

東京に出てきて、彼らのすぐそばで生活するようになって、「俺もああなりてぇな」という思いはより強くなった。

だけど、僕にとってＥＸＩＬＥは入りたいなんて口に出せないくらい特別なものだったし、すでに成立しているグループだった。ファンの方々も「第一章」のメンバーは「不動」だと思っていただろう。あとから加入できるようなグループではないと信じきっていたのだ。いまでは新メンバー方式や、オーディションは当たり前のことだが、このときには前例もない。

僕は内心「森さん、いつもありがとうございます。でも、無理っすよ」と思いながら、ＥＸＩＬＥになりたいという気持ちを心の奥にしまっていた。

だから、森さんが「ＡＫＩＲＡをＥＸＩＬＥに加入させれば？」と言うたびに、僕は「ＥＸＩＬＥって、あとから入れるようなグループじゃないですから」などと謙遜していた。

それに対して、ＨＩＲＯさんは「ＡＫＩＲＡはＥＸＩＬＥなんかに入りたくないだろ」という反応だった。

もともとストリートでダンスをしてきたＨＩＲＯさんは、同じくストリートでやってきたダンサーたちが、テレビなどのメジャーシーンで活動するＥＸＩＬＥに入りたいとは思わないだろう、と当時は思っていた。

僕自身もＥＸＩＬＥに対する愛を伝えていなかったから、ＨＩＲＯさんはまさかこんなに僕が憧れているとも思っていなかっただろう。

とはいえ、こうした会話は何度となく繰り返されてきたので、僕が加入させてもらえた理由の数パーセントは、この一連の会話が「言霊《ことだま》」になったんじゃないのかな、と勝手に思っている。

クラブでの下積みや舞台の経験を経て、僕はまったくの別人になっていた。大きな自信に満ち溢れていたから、加入が決まったとき、驚きはしたが不安はまったくなかった。

いつの間にか、ＥＸＩＬＥとしての自信が身についていたのだ。

「恩人」への感謝

ＥＸＩＬＥのメンバーになっても、周囲の方たちとの関係性は変わらなかった。

もちろん、みなさん「おめでとう」「よかったな」と祝福してくれたけれど、ＵＳＡさんやＭＡＫＩさんにとっては直属の後輩のようなものだし、そもそもＥＸＰＧのインストラクターやRATHER UNIQUEのメンバーとして、３年前からＬＤＨに所属している。

周りからしたら肩書が変わっただけだから、関係性は変わりようがなかった。

ＵＳＡさんとＭＡＫＩさんは間違いなく「運命の人」であり、ＥＸＩＬＥメンバーは闇から救い出してくれた「恩人」である。

これはいまでも言っていることだけど、この気持ちは一生、変わらない。僕の人生を変えてくれたのだから、その思いは変わりようがない。

「もし、この先、俳優としてハリウッドで成功するようなことになったとしても、僕はみなさんの前に出たら、まずは便所掃除からはじめますから！」

それを聞いてＵＳＡさんやＭＡＫＩさんはいつも笑っているけれど、これはもう揺るぎない真実の言葉である。

ここまでに書いてきたように、上京してからの僕は本当にギリギリのところで生きてきた。

変なところでクソ真面目で、融通が利かないほど生き方が不器用だから、EXPGを立ち上げるときには、地下のスタジオに1人でこもって悩みまくったりもした。

精神状態は極限まで追い込まれ、週に1回、高熱を出すだけではなく、何度となく過呼吸にも陥っていた。


当時、ダンサーという職業は、まだビジネスとして不安定だった。

23歳か24歳までに芽が出なかったら、その後の人生を考えて、ダンスをやめるかどうかジャッジしなくてはいけないと考えているダンサーも周りには多かった。

僕はずっと首の皮一枚でなんとか繋がってきたけど、未来への不安も精神的に追いこまれる一因になっていたような気がする。

自分が生きているのはわかる。

でも、空気を吸っている感覚がまるでなかった。

さすがに不安になってHIROさんに過呼吸について相談した。すると、想定外のリアクションが返ってきた。

「なに、それ。マジで？　チョーウケるんだけど！」

そう言って、HIROさんは大爆笑した。

「HIROさん、俺、マジで悩んでるんですよ！」

「過換気（症候群）っしょ？　いや、だってさ、俺も昔そういうのなったことがあるからさ」

ハッとした。

普通だったら見て見ぬフリをしたり、腫れ物に触るように扱うだろう。僕も相談しながらも、どこかで優しい言葉をかけてくれるのを待っていたのかもしれない。

それを豪快に笑い飛ばす。そして「飲んだほうがいいよ」と煽《あお》って酒を飲ませる。

けっして無神経なわけではなく、自分が過去に経験してきたことを踏まえた上で、笑い飛ばしてくれたのだ。

これがＥＸＩＬＥの流儀。

おかげで僕は精神的に救われたし、ＥＸＩＬＥのメンバーに抜擢してもらえたことで人生も変わった。

だから、ＨＩＲＯさんは僕にとっての恩人であり、僕はメンバーの中で誰よりも「ＨＩＲＯさんっ子」になっていったと思う。

「破壊」と「創造」

新聞辞令でＥＸＩＬＥ入りが発表されたものの、僕は誰にも「ＥＸＩＬＥのメンバーになりました」とは報告していない。

だから、びっくりした親から電話がかかってきたりしたわけだけど、ＥＸＩＬＥの大きさ、ＬＤＨにおけるＥＸＩＬＥの重要性、そして先輩方が築いてきた歴史の重さを知っているからこそ、生半可に「ＥＸＩＬＥのＡＫＩＲＡです」とは言えなかった。

メンバーにはなったけれど、ほかのメンバーと比べて、スキルも経験値も足りないし、なによりも「人間力」では圧倒的に敵《かな》わない。

ＥＸＩＬＥのメンバーには、みんな余裕が感じられた。

それは、その地位にあぐらをかいているわけではなく、確固たる信念を持っていたから。余裕というと勘違いされるかもしれないが、揺るぎないものがある。そこで僕は差を感じたのだ。

成功したから余裕があるのか、余裕があるから成功したのか。または弱さなんて微塵《みじん》も感じさせないくらいの強い精神力を持っていたのか……。

とにかくギリギリで生きている僕は、余裕という言葉とはまったく無縁の生活を送っていたので、そこでも「差」を感じていた。

器用な立ち回りができず、ひたすら愚直に技量を磨くことしかできない。そんな僕が、まるでサムライのような生き様をしているように見えたようで、ある意味、そこが評価されて、僕はＥＸＩＬＥになれたようなものだとも思っている。

いつかは自分にも余裕ができるのだろうか？

いや、それ以前にもっと大きな問題が立ちはだかっていた。

「いったい俺は何者なんだ？」

ずっと抱いてきた疑問、そして葛藤。

ここまで読んでいただけたらわかるように、僕は明確な理由があってダンスをはじめたわけではない。

なんでダンスをやっているのか？

EXILEのメンバーになったのに、まだ、そんな根本的な部分にすら解答を出せないでいる。

俺は本当に何者なのか？

本当の俺って、なんなんだ？

昔から感じていたように、僕の中には「もう1人の自分」がいる。僕はめちゃくちゃ二面性のある人間なのだ。

だからこそ、どっちが本当の自分なのかわからなくなる。

もう1人の自分。

抱えこんでいる内なる闇。

もっとわからなかったのは、周囲の評価だった。

わからない、というよりは僕はものすごく弱い人間だから、「俺は周りからどう思われているんだろう？」と、不安で仕方がなかった。

そこで頭に浮かんだのが、あえて僕を加入させて、形を変えたＥＸＩＬＥの姿だった。

一度創り上げたものを壊して、新たなものを創り上げていくＥＸＩＬＥの姿。

僕がこれまでやってきたことも、それと同じだったのかもしれない。


「破壊」と「創造」。

「進化」と「覚醒」。


ゼロに戻すことによって、やっと「真実の自分」と「虚構の自分」が見えてきた。

でも、それを無理矢理、引きはがすことはない。

真実の自分と虚構の自分、なんなら闇の部分までひっくるめてタッグを組むことで、いままでの自分にはできなかったような「創造」ができるようになるんじゃないか？

たぶん、それが「俺は何者だ？」に対するひとつの答えなんだろう。

それを確かめるために、当時、僕はＥＸＩＬＥでの活動と並行して、小さなクラブで踊りまくっていた。

ＴＥＴＳＵＹＡたちと組んでいたRAG POUNDとして、それこそ時には10人ぐらいしかいないクラブで一心不乱に踊りまくる。


ＥＸＩＬＥという看板に頼るのではなく、自分で「なにか」を築き上げることができれば、絶対に弱い自分を上回る「現実の自分」を創ることができる、と信じて。

信念を持ち、僕らがＥＸＩＬＥである意味や理由を理解したとき、本当の意味で「Ｍｒ．ＥＸＩＬＥ」になるのだと思う。

こうやって書いていても、当時はかなりおかしなことになっていたけれど、この時期があったからこそ、現在の自分が存在することだけは間違いはない。あの時代がなかったら、あの時代に自分から逃げていたら、おそらく、僕はＥＸＩＬＥに入ってから、潰れていたんじゃないか？


加入が発表されてから、実際にＥＸＩＬＥのメンバーとしてステージに上がるまでに生じた108日間のタイムラグ。

サッカーでいうところのロスタイムのような時間の中で、僕は必死に生まれ変わろうとしていた。EXILEのメンバーとして、相応《ふさわ》しい男に——。

武道館のステージに立った日

2006年9月22日。

日本武道館。

この日、僕はEXILEとして、初ステージを踏むことになる。

いまでも過去を振り返って、真っ先に思い浮かぶのがこの日のステージだ。


プレッシャーはハンパなかった。

すでに加入は発表されているから、別にお披露目日のステージというわけではない。もっといえば、この日の主役は「VOCAL BATTLE AUDITION」で優勝し、新しいボーカルに決定したTAKAHIROだ。

いい意味でボーカルとパフォーマーの関係性を象徴する1日だった。

いまではパフォーマーがどんどん前に出て、ボーカルよりも目立つようなグループもたくさんあるけれど、当時のパフォーマーの考え方は「ボーカルがいるからこそ、僕たちは踊れる」だった。

だから、とにかくボーカルを立たせることを最優先に考える。

楽曲の世界観をパフォーマーが演出して創り上げて、ATSUSHIくんの歌声をさらに引き立て、お客さんを全力で盛り上げる。それがパフォーマーの役割であるから、ボーカルがいなかったら踊ることができない。グループの思いを、歌を通して伝えてくれているというリスペクトがあった。

暗黙のルールではないけれども「ボーカルが一番」というのは、チームとしてのバランスを考える意味でも、すごく重要なポイントだったし、そこは全員が認識していた。

この日、TAKAHIROは一夜にしてジャパニーズドリームを摑んだ。

同じく初のステージを踏んだ僕は、特にテレビや新聞で大きく報じられることもなかったけれど、これこそがボーカルとパフォーマーの関係性だから特になんとも思わなかったし「ＥＸＩＬＥのパフォーマーとはなんなのか」と深く考える入口になった。

けっしてメディアに取り上げられることはなかったけど、ＨＩＲＯさんがステージ上から、僕のことをアピールしてくれるシーンがあった。

なんのセリフもなかったけれど「コイツをよろしくな！」「やっと夢を掴んだんですよ」と超満員のお客さんに紹介してくれているようで、本当に嬉しかった。

新聞の見出しにはならなかったけど、僕の心の中では、あのシーンはいまでも大事な大事な1ページとして強烈に焼きついている。

ＥＸＩＬＥ ＡＫＩＲＡ誕生

「ＥＸＩＬＥ第二章」の真価を問われるオリジナルメンバー、お披露目となるＴＡＫＡＨＩＲＯのプレッシャーは相当だったと思うけれど、それとはまた異質な緊張感が僕にはあった。

初ステージだったが、6月6日に「新メンバーになった」という報道があったので、僕はこの時点ですでに「ＥＸＩＬＥの一員」という扱いになっている。

新メンバーだから、初ステージだから、という甘えは許されなかった。

だから、ずっと「どうするべきか」ということを考えてきた。

あの日、僕がステージに登場するシーンの演出はすべて自分で考えた。

ＨＩＲＯさんから「自分で考えていいよ」と言われたときには「もう考えてあるので、説明させてもらっていいですか？」と言えるぐらい細かいところまで作り込んでいた。

こういう「自己プロデュース力」が求められるのがＥＸＩＬＥである、ということは、ずっとＨＩＲＯさんと行動をともにしていてわかっていたし、だからこそ、密《ひそ》かにプランを練っていたのだが、さすがに日本武道館という大舞台、しかも初ステージで「全部、自分で決めていい」と言ってもらえるとは、もうメンバーには感謝しかなかった。


ＥＸＩＬＥのステージはストーリー性を大切にする。

コンサートはまず５人でスタートし、自分のセクションから僕が登場し、ここではじめて６人体制のＥＸＩＬＥが全貌を現す。

そこまでは決まっていたが、いかにしてステージに登場するかは僕に一任された。

とにかくインパクトを残したい。

久々に「一発カマしてやりたい！」という感情が湧きあがってきた。

そして、「ぜってぇ負けねえ！」。

最高の晴れ舞台にするため、スタッフさんと綿密に打ち合わせを重ねた。


音と光で僕の名前が打ち出される中、ステージ上ではスモークが焚かれ、そのセンターに僕がリフターで登場する。

「A・K・I・R・A」

ここでの楽曲は、これまでEXILEが使ってこなかったドープなイメージのものを選んだ。僕がRAG POUNDでやってきたクランプで、おもいっきり踊りたかった。

ファンの方からしたら、これまでのEXILEメンバーが踊っているようなダンススタイルの新たなメンバーが登場すると思っていただろう。

僕はもちろん自分が憧れていた、EXILEスタイルのダンスをすることもできた。だけど、あえて自分がストリートで踊ってきたRAG POUNDのスタイルで登場したかったのだ。そんな心意気を受け入れてくれる度量の広さが、EXILEにはある。「AKIRAらしいアプローチでいけよ」と背中を押してくれる。「らしさ」を出させてくれるところが、「EXILEらしさ」でもあるのだ。

ステージで爆発させたのはエナジーとパッション、そして「怒り」を表現するダンススタイルだった。

いろいろ考えたけれど、これまでの自分の存在意義は「怒り」だった、と思ったのだ。

この怒りっていうのは、もちろんファンの方々に対してではない。

誰に？ と問われたなら、もう1人の自分に対してだろう。弱い自分、物足りない自分、はがゆい自分、ダメな自分、何者でもない自分、過去の自分……ずっと自分に対しての怒りを抱えて生きてきた。それがずっと自分の原動力になってきたのだ。

EXILEが好きで集まってくれているファンの方、オーディションのファイナルをライブという形で行う異例のエンタテインメントに興味を持って来てくれた方、さまざまなお客さんで埋め尽くされた武道館は、ウエルカムな空気に包まれていた。僕みたいな新人に対しても、笑顔で手を振れば、みんな笑顔で手を振りかえしてくれる。そういう温かさがある。

だからこそ、期待以上のものを見せたいし、攻めたいという気持ちがあった。それは僕の反骨心から生まれたものだ。

「ぜってぇ負けねえ！」

それは自分に対してだったのだ。

たった30秒足らずのパートだったけど、そのパートに僕は全力を注ぎこんだ。

はじめての経験だったから、ペース配分がまったくわかっておらず、あとでヘトヘトになってしまうのだが、エナジー&パッション&「ぜってぇ負けねえ！」は最高のバイブスを引き出してくれた。

ヘロヘロになって、息もできなかった。

いや、息ができなかったのは、もうひとつの理由があった。

僕を見いだしてくれたUSAさんとMAKIさんが同じステージの上にいて、大きなチャンスへと導いてくれたHIROさんも一緒に立っている。いつも笑顔でかっこいいMATSUさんもいる。そしてATSUSHIくんの歌声もある。ファンのみなさんは、EXILEとしてまだ何も成し遂げていない自分を温かく受け入れてくれた。

そして、新たな仲間となったEXILEの救世主、TAKAHIROもいる。

そのシチュエーションだけでもグッとくるのに、日本武道館でみんなと一緒に「Choo

Choo TRAIN」を踊ったときには、もう感極まって涙が止まらなくなった。
泣きながら踊るなんて、プロとして正しくはないのかもしれない。
でも、そのむき出しの感情こそが「本当の自分」の表現方法だった。

「VOCAL BATTLE AUDITION」を経てさまざまなことを感じ、本当の意味でEXILE人生がスタートしたとき、僕は決意した。「EXILE第二章」の単独ライブツアーを完走して乗り越えるまでは自分から「EXILEのAKIRAです」とは名乗らない、と。

ファンのみなさんやメンバーへのリスペクトが深まったからこそ、自分に厳しくした。
でも、実は最初のツアーのことはよく覚えていない。というか、武道館でのことはよく覚えているけれど、そこから何年間かは記憶がものすごく曖昧なのだ。

もう完全に頭の中がショートしてしまっていたんだろう。それぐらい、毎日のスケジュールがめまぐるしく、刺激的な日々だった。

だから、いつから自分が「EXILEのAKIRAです」と胸を張って言えるようになったのかわからないけれど、あの日、日本武道館で流した涙が、その一歩目だったことは間違いない。

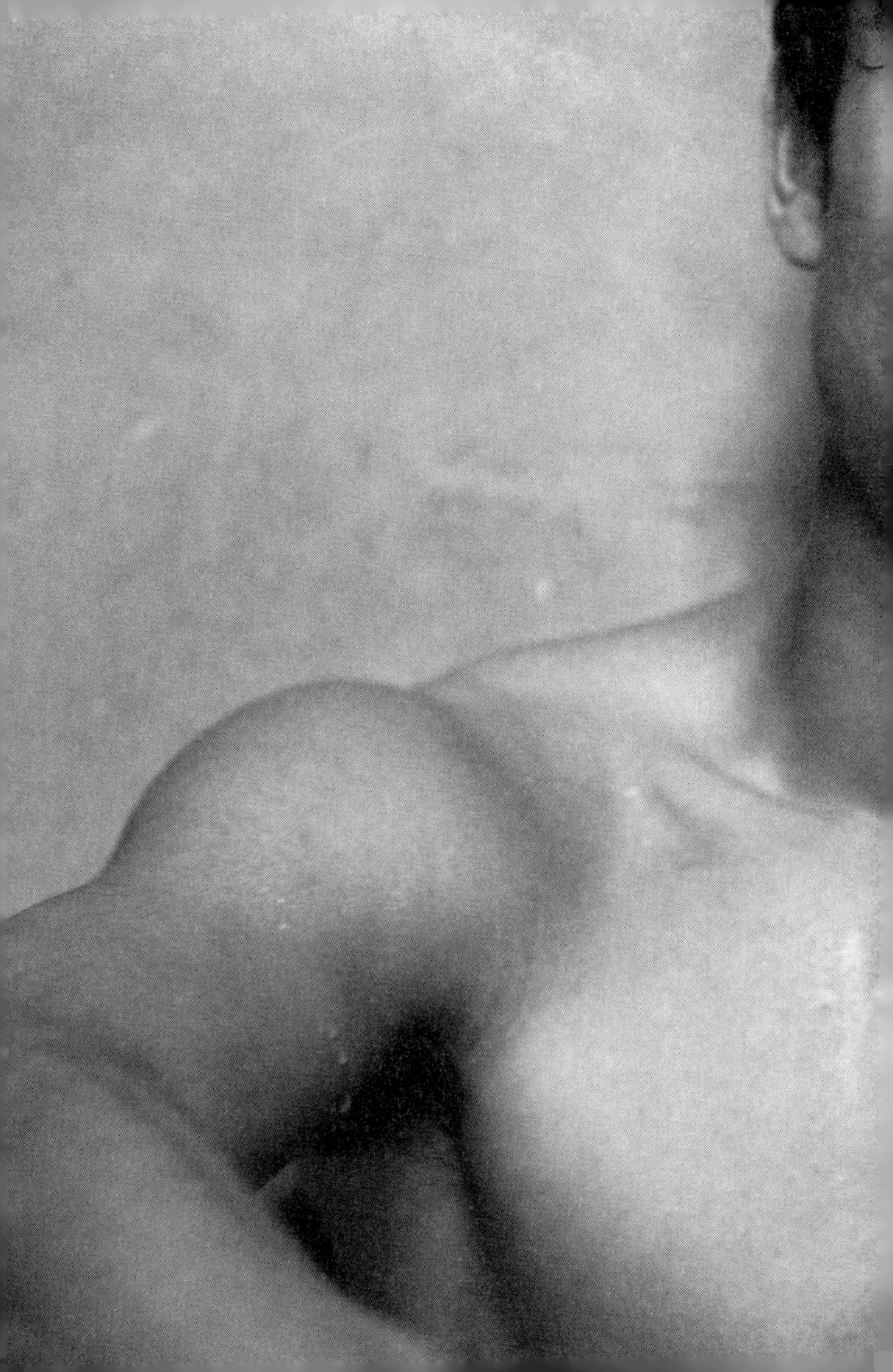

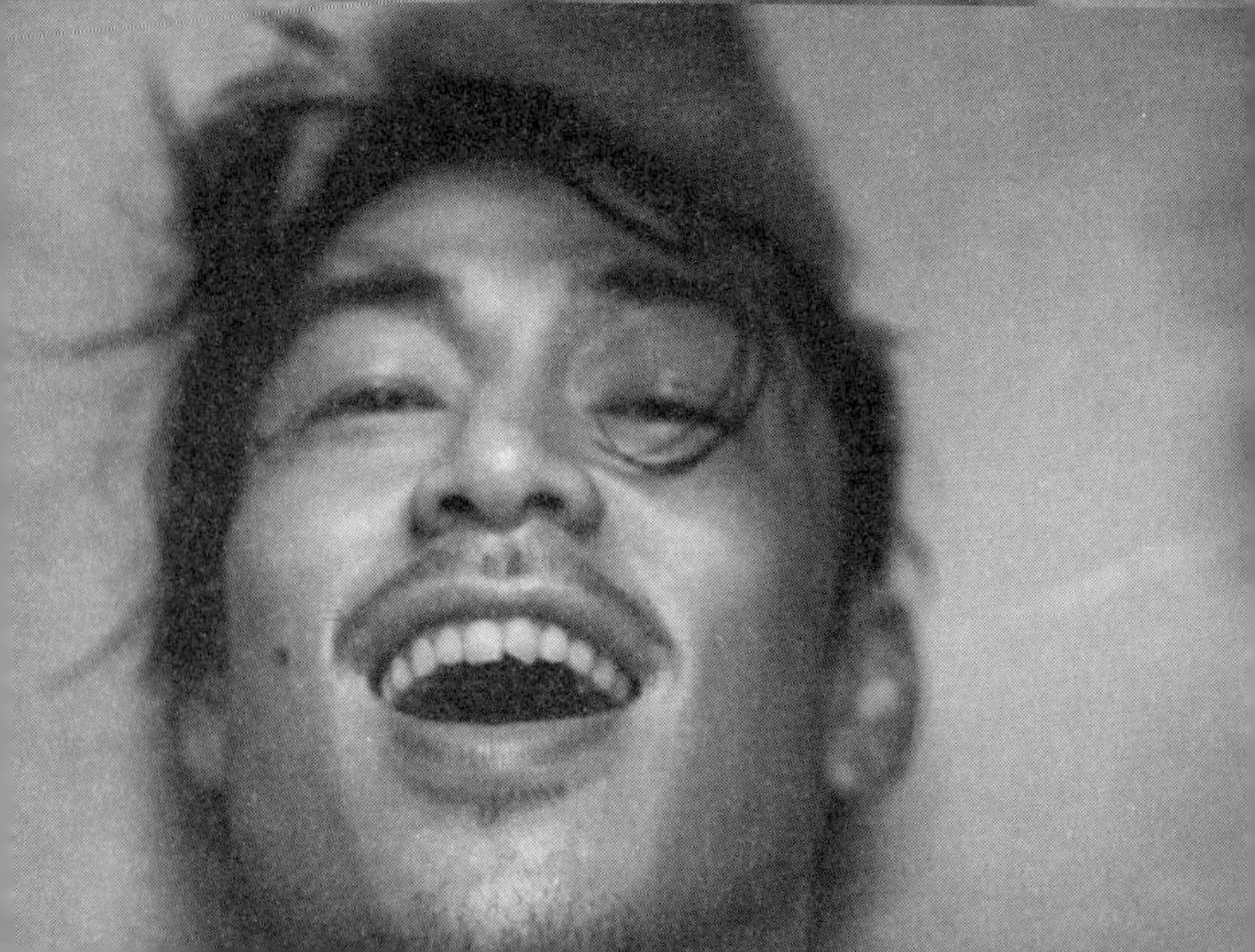

終章
愚かさと賢さ

新生ＥＸＩＬＥの快進撃

僕は、ＥＸＩＬＥで夢を叶えた。

ＥＸＩＬＥに入るということは、僕にとってゴールであるとともに、スタートだった。


本当にすべてが嬉しかった。

毎日、ＥＸＩＬＥメンバーと一緒にいられる。

上京してきた当時、メンバーと一緒にいたのとは違う。

一員としていられることの喜び、パフォーマンスできる喜び、チームへの誇り。

そして、この場所を自分で摑み取ったことの喜びも含めて。

それまでの自分の人生を考えると、何もかもが申し分ない状況だ。

ライブ、リハーサル、テレビの収録、雑誌の取材、打ち上げ、なにげなく一緒に歩くことすら……。

なにをするにも、ＨＩＲＯさん、ＭＡＴＳＵさん、ＵＳＡさん、ＭＡＫＩＤＡＩさん、ＡＴＳＵＳＨＩくん、ＴＡＫＡＨＩＲＯという、自分にとって最強の布陣でいられることが嬉しかった。

自分が思い描いていた理想のあり方はこれだったんだ、と思えるくらい、最強の日々だった。


第二章として動き出した僕らは快進撃を続けた。

2009年には、メンバーにKENCHI（橘ケンチ）、KEIJI（黒木啓司）、TETSUYA、NESMITH、SHOKICHI、NAOTO、NAOKI（小林直己）が加わり、「EXILE第三章」が幕を開ける。

僕らの快進撃は止まらない。

何度となくドームツアーを満杯にし、さまざまな賞もいただいた。

気がついたら、EXILEは「国民的グループ」と呼んでいただけるようになっていた。

この年の11月12日には「天皇陛下御即位二十年をお祝いする国民祭典」で、奉祝曲組曲「太陽の国」を披露させていただくという栄誉にあずかった。

何年か前の自分を考えたら、まったく信じられない話だったし、これこそが親孝行、おばあちゃん孝行になった。

本当の意味で「国民的」と呼んでいただける存在になったんだな、と実感する出来事だった。

個人的なことでいえば、もちろん順風満帆なだけではなかった。

これまで読んできてくれた人は、ある程度、僕の性格がわかると思うけれど、自分の悪いクセが出ることもあった。落ち込むこともあれば、「ふざけんな、コノヤロー!」モードになって荒れてしまうときも、幾度となくあった。いまでもある。

だけど、乗り越える術を身につけられるようになってきている実感もある。

そうしてＥＸＩＬＥのパフォーマーとしてキャリアを重ねていく中で、どこかでまたひとつ成長しなきゃいけないという心も芽生え、俳優にも挑戦させてもらった。

あとで詳しく書くけれど、その背景には個人としてだけではなく、同時にＥＸＩＬＥに恩返しをしていこうという思いもあった。

生活すべてが……もっと言うと、人生すべてがＥＸＩＬＥになっている。

それだけはずっと変わらない。

僕のことを「Ｍｒ．ＥＸＩＬＥ」と評してくれる人もいるほどになった。

だけどその裏でＥＸＩＬＥを辞めよう、と思う出来事が一度だけあった。

ＥＸＩＬＥを辞めようと思った日

いつかは僕もパフォーマーとして身を退く日がやってくるだろうけど、自分から辞めようと思ったことは、後にも先にも1回しかない。

その1回というのは、ＨＩＲＯさんが勇退を表明したときだった。

ＨＩＲＯさんと出会わなかったら、僕はＥＸＩＬＥに入っていないし、おそらく現在もパフォーマーとして活動していない。

何度も書いてきたように、ＥＸＩＬＥのメンバーになる前から毎日のように行動をともにし、本当にいろいろなことを至近距離で学ばせていただいた。

正直、HIROさんのいないEXILEを受け入れられなかった。というか、想像できなかった。

勇退の2年前くらいから将来のビジョンを聞いていたけれど、いざそのときが来たら、まったく心の準備ができていなかった。衝動的に「自分もEXILEを辞めようかな」と考えてしまった。

EXILEに対する愛の形は、メンバーそれぞれにある。それぞれが深い深い愛情を持っているし、それぞれの価値観がある。誇りもある。

僕にも譲れないEXILE愛があった。

特にHIROさんにはものすごく影響を受けてきたから、年齢を重ねるにつれて、どんどんそのスタンスを追ってしまっている自分がいたことも感じていた。

もちろんHIROさんには及ばないし、自分とHIROさんはまったく違う。僕は本当に、自分本意のちっぽけなスケールな人間だけれど。

昔の自分だったら、「俺、辞めます！」と暴走していたかもしれない。僕の人生は、そんな衝動的な行動の繰り返しだった。

でも、その言葉を一旦、のみ込んで冷静に考えたら「いま、俺が一番やってはいけないのは、辞めることじゃないのか？」ということに気がついた。


なんで辞めたいと思ったのか？

それは、単純に自分勝手な理想像の中だけでいたから、ＨＩＲＯさんが勇退することで、自分が憧れ、ここまで一緒に走ってきた自分の青春のＥＸＩＬＥが終わってしまう、そんな恐れがあったからだ。

でもその恐れは、自分が未熟だったから感じてしまったことだった。本当の意味でＥＸＩＬＥをわかっていなかった。ＥＸＩＬＥを「守る」のではなくて、ＥＸＩＬＥを「創って」いく。これこそが、本来のＥＸＩＬＥメンバーの姿なんじゃないかと思えた。

ＨＩＲＯさんは、自分と一緒に踊りたいメンバーをただ横に置いていたわけではなくて、一緒に創っていく仲間をフックアップしてきたんだ、と。

「守ろうとすればするほど、壊れていく」……これが世の常。

それに気づいたときに、僕は踏み留まって、しっかりＥＸＩＬＥを創っていこう、と覚悟を決めた。

MATSUさんへの思い

HIROさんが勇退したのが2013年12月31日。

翌年に、岩田剛典、白濱亜嵐、関口メンディー、世界、佐藤大樹が加入して「EXILE第四章」が幕を開ける。


そして2015年6月、今度はÜSAさん、MAKIさん、MATSUさんがパフォーマーを卒業する、と発表した。

その2年前くらいから話は聞いていたので、HIROさんの勇退のときに覚悟を決めていたから「俺も引退する」とは思わなかったけれども、さすがに精神的ダメージは大きかった。

これでもう僕が憧れたオリジナルのEXILEは、ATSUSHIくんしかいなくなってしまう。

同じパフォーマーとして、3人がこのタイミングで卒業する理由はよくわかったし、いつかは自分も通る道だ。

僕にとっては、メンバーであり、大好きな先輩であり、血は繋がっていないけれど、本当のお兄ちゃんのような3人だった。

MATSUさんには、ÜSAさんやMAKIさんとは違って当初はちょっと近寄りがたいムードがあった。

EXPGのインストラクター時代にはほとんど接点がなかったため、たまに顔を合わせても恐縮してしまい、なかなかこちらから話しかけることなんてできなかったし、距離を縮める機会が少なかった。

そんなある日、共通の知人と一緒に3人でクラブに遊びに行くことになった。もう、ワクワクするやら、嬉しいやら、ちょっと緊張するやらですごくドキドキしたことを覚えている。

実際に一緒に飲んで、話してみると、ÜSAさんやMAKIさんと同じで、MATSU

さんもすごく優しい兄貴分として接してくれた。

一時期、僕が赤のドレッドヘアにしていた頃があったが、それは、MATSUさんがやっていたからだ。あと、MATSUさんのダンスは手に特徴があり、とてもセクシーな手さばきをする。実は、手指の使い方は、MATSUさんのスタイルを真似ていた。完全に憧れの存在だった。


それで終わっていればよかったものの、第5章でも書いたようにインストラクターをしていたときの僕はかなり未熟だったので、酒を飲んでは荒れていた。その日も酔っぱらって、ちょっと暴れてしまったのだが、そんな僕を羽交い締めにして、なだめながら店の外に連れていってくれたのがMATSUさんだった。

「お前が荒れる気持ちはよくわかるよ。でも、大丈夫だから。お前の側にはみんながいるし、俺もいるんだよ」

ものすごく心に突き刺さったし感激したけど、そのときにMATSUさんが僕につけたあだ名は「クレイジーA」という、当たっているだけにちょっとリアクションに困ってしまうもの。しばらくの間、仲間内ではこの呼び方が流行った。

僕がＥＸＩＬＥのメンバーになるぐらいのタイミングで、ＭＡＴＳＵさんがベーチェット病という難病に侵されていることがわかった。

すでに左目の視力がほとんど失われ、このままでは最悪の場合、失明してしまうかもしれない。そうなってしまったら、もうパフォーマーとしてステージに上がることは、かなり難しくなってしまう。

病状を知ったＨＩＲＯさんは「人生は長い。ＥＸＩＬＥだけがすべてじゃないんだからな」と言った。突き放したように聞こえるかもしれないけれど、ＨＩＲＯさんなりのＭＡＴＳＵさんの人生を背負った優しさだった。中途半端な言葉をかけても、どうにもならない。リアルと向き合いＥＸＩＬＥ以外の道もちゃんと提示するのが、本来の仲間としての優しさだし、ＨＩＲＯさん流のエールだった。

でも、ＭＡＴＳＵさんはそれを拒絶した。

「俺にとってはＥＸＩＬＥが人生なんです。それ以外の生き方はないんです」

ものすごい決意表明だった。

それを聞いて、心の底からMATSUさんのためになにができるのかを考えた。とはいっても、僕にできることなんて、なにもない。せめてMATSUさんがおもいっきりパフォーマンスできるようにと、こっそりステージでのMATSUさんの立ち位置をすべて覚えた。もし、ライブ中にMATSUさんになにかあっても、そのときは僕が代わりに最後まで踊り続けられるように。

結局、最悪の事態は回避され、MATSUさんの病状は回復した。

いま、MATSUさんが座右の銘に「一日一笑」と掲げているのは、そういう壮絶な体験があったからだ。僕は、そんなMATSUさんを本当に尊敬している。

オリジナルメンバーの勇退

そんな、お世話になりっぱなしで、憧れ続けた3人が勇退してしまうということは、頭の中では理解できているはずなのに、どうしても気持ちがついてこなかった。

いい大人がなに言っているんだ、と笑われてしまうかもしれないけれど、3人が卒業した「ロス」を僕は1年ぐらい引きずっていた。自分がＥＸＩＬＥを創っていく、と覚悟を決めたけれど、３人の存在は大きすぎたのだ。

本当にちゃんと納得することができたのは、つい最近のことだ。

卒業の話を聞いたときには、もう荒れに荒れて我ながらひどすぎる日々を送っていた。これから自分たちがＥＸＩＬＥを創っていかなければいけない責任と、「でもやっぱり３人がいた頃はよかった」という思い出に浸る狭間で荒れた。

ＥＸＩＬＥに入ってからは、こんなにも荒れている姿を見たことがなかった身近な幼馴染みも驚いていたが「仕方ないだろ」となだめてくれているのに「テメーになにがわかるんだよ、コノヤロー！」と悪絡みしていくんだから、本当にタチが悪い。

よく「酔っぱらったときこそ本音が出る」と言うけれど、僕はそれだけじゃないと思っている。本当の本心というのはシラフのときの「行動力」にこそ表れる。自分を戒めるためにそう言い聞かせているけれど、酔って荒れるのは単なる逃げにすぎない。僕はひたすら現実逃避をしたかったんだろう。

1人で部屋に帰ってくると、目に飛びこんできたのはEXILEのメンバーで撮影した集合写真だった。

「ふざけんな、コノヤロー!」

誰もいない部屋で、僕は飾ってあった集合写真を剝ぎとっては、すべて投げ捨てたこともあった。

なんの意味もない行為だとわかってはいたけれど、なにかせずにいられなかった。

いつもそうだ。当たる場所に困ると、大切な人を傷つけてしまう。甘えた自分が久しぶりに出た。でも、もう1度や2度あっても3度はない。そう我にかえり、無残に転げ落ちた写真を拾い、そっと飾りなおした。

そして、僕はひとつの決断をすることになる。

ATSUSHIくんとTAKAHIROとの絆

ここで「EXILE第二章」からずっと一緒にいる2人にも触れておきたい。

ATSUSHIくんは本当に繊細だし、真面目だし、ファン思いだ。そしてメンバー1人1人のことをよく見ている。

あの歌声がなければ、僕はEXILEのパフォーマーとして踊ることができないし、EXILEに入る前から「ATSUSHIくんの歌声で踊りたい」と憧れていた。

ATSUSHIくんの歌声を聴くと、EXILEにたずさわってきた自分の人生すべてがフラッシュバックし、さまざまな形で思い出させてくれる。同じメンバーでありながら、僕はいちファンなんだと思う。

ATSUSHIくんの歌を聴くといつも考えさせられる。

僕はEXILEにとって、なんなんだろう？　僕が向かうべき道は……？

パフォーマーでありながら、俳優もやっている。でも、本当に求められているのは、いったいなんなのか？　もっといえば「俺ってなんなんだ？」という答えのない疑問の中で苦しんでいた時期があった。

そんなときにATSUSHIくんとご飯を食べていたら、こんなことを言ってくれた。

「自分が究めようとしているのが『ボーカリスト道』だとしたら、ＡＫＩＲＡは『パフォーマー道』なんだろうけど、自分から見ているとちょっと違うんだよね。ＡＫＩＲＡは『ＥＸＩＬＥ道』を究めようとしているんだよ」

ＥＸＩＬＥ道。

そのひとことがストンと腑《ふ》に落ちた。

そうだ、僕が目指しているのはそこなんだ。はじめて、しっくりいく回答と出会うことができた。いまでもＡＴＳＵＳＨＩくんのそのひとことが僕にとっての大きな指針となっている。

僕のターニングポイントには、いつもＡＴＳＵＳＨＩくんの言葉の存在がある。ＡＴＳＵＳＨＩくんが発するなにげないひとことで我に返ったり、背筋が伸びて気が引き締まることが多い。そんな言葉の数々から、ＥＸＩＬＥとしての「姿勢」や「立ち振る舞い」を学んでいる。

ＴＡＫＡＨＩＲＯとは同期みたいなものだから、以前から「二人三脚でやっていこうな」と話してきた。

僕はTAKAHIROのことを「EXILEを救った人間」だと思っている。どうなるかわからなかった「EXILE第二章」を成功に導いてくれたのは、間違いなくTAKAHIROだ。

ただ、僕とTAKAHIROの関係性はちょっと面白くて、さっきも言ったように、同期みたいなものだけど、正確に言うと、僕のほうが3カ月だけ先輩、ということになる。しかも、僕はこの本を読めばおわかりのとおり、かなりな不器用だけど、TAKAHIROもああみえて、九州男児だから豪快なところがある。

基本的に仲はいいから、一緒に飲みに行ったりもするけれど、店に入るときはニコニコ笑顔だったのに、酒を飲んで話しているうちに、いつも熱くなりすぎてしまう。

不器用な男と九州男児がエキサイトしてしまうと、もう口論では収まらなくなってくる。だいたいがお互いに自分に対する不満なのに、なぜかターゲットがお互いに向けられて、気がついたら、掴み合っている。店の人もびっくりすると思う。ついさっきまで、あんなに仲良さそうに笑っていたのに、いきなり大乱闘になっているんだから。

僕はとにかくでかいし、TAKAHIROは空手をやっていたから強い。もはや揉み合っているだけで、大怪獣バトルの世界になってしまう。

一度、3階にあるお店で飲んでいて、そのまま揉み合って店外に出たら、勢いで1階まで階段を転げ落ちてしまったことがあった。

びっくりしたことに、3階から落ちたのに2人ともまったくの無傷。本当にどうかしていると思う。

それでもまだ収まらなくて、乱闘を続けようとしたら、2階にあった雀荘のおばちゃんが出てきて「アンタら、何時だと思ってんだ。朝の6時だよ？　いい加減にしなさい！」。これでハッと我に返って、お互いに顔を見合わせて笑って、そのまま肩を組んで仲良く帰っていく。それが僕とTAKAHIROの不思議な関係性だ。

その数日後に東京ドーム公演があった。いくらなんでも、そんな大事なときに3階から転げ落ちるようなことをしたらダメだな、とドームのステージ上で激しく反省したことも、いまとなってはいい思い出だ。

TAKAHIROとは、いついかなるときも二人三脚である。それはもちろん、ずっと変わらない。

EXILE THE SECONDという新たな核

2016年8月31日、EXILEは一旦、活動を制限することを発表した。本格的に活動を再開するのは2018年。つまり、約2年半、グループとして動くことはなくなった。

ATSUSHIくんが海外留学を決意したのはよくわかる。15年間、ノンストップで曲を生み出してきたわけで、ここでいま一度それぞれの成長を求めて、流れを止めたいと思うのは当然のこと。だけど、実はそれだけでなくグループが巨大になりすぎて、みんなEXILEをどう動かしたらいいのか、わからなくなっていた時期だった。

これに関して、HIROさんはなにも言わなかった。同じ釜の飯を食い、常に行動をともにしてきたメンバーだから、「お前らならできるだろ」という信頼があったからこそ、あえて何も指示しなかったのだろう。だけど、15人になり、ＥＸＩＬＥの動かし方がわからずにいるメンバーに対して、きっともどかしさを感じていたと思う。それでも、僕らにいろんな判断を任せてくれた。

僕たちはＨＩＲＯさんが創り上げたＥＸＩＬＥをさらに進化させるために、試行錯誤しながら、自分たちでＥＸＩＬＥを創っていかなくてはいけない。あくまでＨＩＲＯさんやスタッフのみなさんは、自分たちに任せてくれて、客観的な視点から見ながら僕たちをサポートしてくれているというスタンスだった。

僕らは、自分たちの判断でＥＸＩＬＥを2年半止めることを決めた。

じゃあ、2年半の間、どう生きるか？

いや、本当に2年半後、活動を再開できるのか？

もはやＥＸＩＬＥは「個」の集合体でもあり、それぞれがクリエイティブ集団にも成長した。

この2年半をそれぞれが個人のスキルアップを目指す時期ととらえるなら、僕は俳優業に専念すべきだったのかもしれない。もしくは海外へ渡って、新しいことにチャレンジするか。その二択だったと思う。

たとえば、海外で役者の修行をしてもいい。

もし、そのあいだにスーパースターになったとして、その2年半後にはEXILEに戻ってきて、当たり前のように後ろで踊っている。そんなことができたら面白いし、EXILEを底上げすることにもなる、と。

でも、僕がチョイスしたのはEXILE THE SECONDへの加入だった。

これにはみんな驚いた。

まずHIROさんに「SECONDに入りたいと思います」と報告しにいくと、HIROさんは心底驚いていたが、ここでも判断を任せてくれた。SECONDのメンバーのみんなさえよければかまわないよ、という返答だった。

僕としては、ゼロからスタートするような気持ちだった。

なぜ加入したのか。

その一番の理由は、このタイミングで改めてSECONDのメンバーと向き合う必要があると思ったからだ。

次の時代の中心となるのは、間違いなくSECONDのメンバーたちだ。

HIROさんが勇退し、3人のパフォーマーが卒業し、ますますSECONDのメンバーたちの存在が大事になる。グループにとっても、僕自身にとっても。

僕を含め、SECONDのメンバーが、ÜSAさん、MAKIさん、MATSUさんに僕らが憧れてきたように、背中で語れるような立場にならなければいけないと思ったのだ。

もうひとつ、これは個人的な理由だけど、少しでもファンのみなさんにいまの自分のパフォーマンスを届けたいという思いもあった。

自分の年齢を考えると、残されたパフォーマー人生はそう長くはない。その短い時間の中で、2年半もパフォーマンスをしない、ということは考えられなかった。

なぜなら、一番キレ味があるときに2年半も休んで、2018年にEXILEが再始動したときに万全なパフォーマンスができるのか？

ならば、新しいプロジェクトを立ち上げるなり、個人で動くなり、方法はいくらでもあったと思うが、あえてSECONDにこだわったのは、EXILEの新しい時代を考えたからだ。

毎日のように荒れて、見つけた答えはそこにあった。

自分たちの世代で新しいEXILEを築くには、SECONDのメンバーと新たな核を作り、僕らがATSUSHIくん、TAKAHIRO、そして新メンバーたちとより調和する。そうすることで、新しいEXILEの基盤はより強固なものとなる。

そんな視点で眺めてみると、当時の自分にとって、SECONDというグループは一番の距離があるということに気づいた（もちろん個人的に仲はよかったのだが）。だから、SECONDに積極的に携わることで、いい化学反応が起きるのではないか？思わぬ成長やパワーを引き出せるのではないか？

なによりも自分自身が「EXILEイズム」を持った人間と、本気で向かい合いたいと考えたときに、SECONDのメンバーしか考えられなかった。

第6章でも少し書いたように、EXILEへの加入が決まったとき、僕は「現実の自分」を求めて、小さなクラブで踊りまくっていた。

まだ静岡にいたとき、東京の知人が送ってきた映像を観て「なんだコイツ、かっこいい！」と興奮したことがあった。それは当時のTETSUYAのダンスだった。

上京してから、僕はTETSUYAがどこで踊っているのかを必死になって捜索した。すると「横須賀のクラブで踊っている」「追浜で練習しているらしい」という情報が入ってきた。僕はEXPGの仕事が終わると、毎晩、京急線で追浜に向かい、彼らの練習に勝手に参加するようになっていた。自然と彼らのダンスを覚えるし、気がつけば、一緒にクラブで踊っていた。

そのとき、TETSUYAと同じグループにいたのが橘ケンチで、ライバル的なグループに所属していたのが黒木啓司。そう、EXILE THE SECONDの原点がすでにそこにはあった。

だから、僕がSECONDへの加入を決めたのは、ある種、必然だったのかもしれない。

SECONDとして新しいエンタテインメントを創る。SECONDとしてEXILE

に繋ぐ、そう決意した。

「EXILEに繋ぐ」という決意

ＨＩＲＯさんはＳＥＣＯＮＤのメンバーを集めてくれた。ＨＩＲＯさん立ち合いのもと、僕の口から「ＳＥＣＯＮＤに加入したい」ということを伝えた。

みんなで何度も話し合い、「一緒に頑張っていこう」と決めた。

そもそもＳＥＣＯＮＤのメンバーは２００７年に二代目 J Soul Brothersとしてデビューし、活動してきたが、２００９年にメンバーがＥＸＩＬＥに加入することになり、活動を休止した。コアなファンは「デビューしたばかりなのに、なぜ？」と哀しみ、それに対してＨＩＲＯさんは、いつかまた二代目ファンのみなさんに喜んでいただきたいという思いから提案し、２０１２年に THE SECOND from EXILEとして結成されたという経緯がある（２０１６年、EXILE THE SECONDに改名した）。

だから、いよいよ単独ツアーを目前に躍進しようとするときに僕が突然加入すると発表したときには、SECONDを待ちに待っていたファンの方々から大きな反発があった。メンバーも僕の加入当初は「みんなで頑張っていこう」と言ってくれたものの、この炎上には困惑しているようだった。

ある意味、逆風からのスタートだ。

正直、いろんな思いがあってSECONDへの加入をみんなで決めたけれど、そのときは「2018年を見据えてのことだ」「SECONDと一緒に新しいエンタテインメントを作りたい」という僕の本心は言えない。

中傷するようなメッセージが毎日のように届いた。

コンサート会場にはたくさんのお客さんが集まってくれているけれど、みんな、僕を観たいわけではない。ほかの5人を観にきている。

そうした逆境も、すべて僕はパワーに変えた。ようやくすべてを受け入れ、「怒り」をポジティブな力に変えることができるようになっていた。

怒りや悔しさは、行動力によってポジティブにもネガティブにも変えることができる。それを冷静に見極められるようになったのだ。

新たな挑戦をするとき、必ず批判的にとらえる人はいるだろう。

しかし、ときにはそのリスクを負ってでも行動を起こさないと、道を切り拓くことはできない。


ファンの方々の気持ちを考えたら納得できる。

自分で選んだ道だったけれど、SECONDでの活動は逆風につぐ逆風の連続だった。

それが、SECONDとしての初のツアー「WILD WILD WARRIORS」だった。

しかし、EXILE THE SECONDならではのオリジナルのエンタテインメントと、SECONDだからこそ届けられるEXILE魂を届けられたとき、「AKIRAが入ってくれてよかった」という声が徐々に大きくなってきて、二度目のツアー〝ROUTE 6·6〟では、自然体でステージに立てるようになった。

2018年5月24日。
EXILE THE SECONDのライブツアー〝ROUTE 6·6 THE FINAL〟にサプライズとして登場するという形で、2年半ぶりにEXILEメンバー15人が揃ってステージに立った。

ＳＥＣＯＮＤのツアーファイナルでＥＸＩＬＥを復活させるというのは、６人の目標だった。

自分たちがＥＸＩＬＥを繋ぐ。

そう決めて、ビジョンを掲げて走ってきたすべてが実現した。

「この期間、三代目、GENERATIONS、FANTASTICS、THE RAMPAGEなど、EXILE TRIBEのみんながＥＸＩＬＥへの思いを繋いでいたと実感しています。そして何より、いちばんＥＸＩＬＥへの思いを繋いでくれたのは、全員がＥＸＩＬＥメンバーであるＳＥＣＯＮＤだったと思います。どうかみなさん、ＳＥＣＯＮＤのメンバーに拍手を送ってあげてください」

サプライズステージでＡＴＳＵＳＨＩくんが涙ぐみながらこう言ってくれたとき、僕も胸の底からこみあげてくるものがあった。そして、このとき、大きな安堵感と同時に、このチームをもっと強くしていくんだ、という責任感を持った。

そして、なによりも心の底からＳＥＣＯＮＤのメンバーに感謝をしたし、ＳＥＣＯＮＤの一員になって本当によかったと思えた。

「俳優業」への邁進

僕はＥＸＩＬＥとして活動しながら、役者としても10年のキャリアを重ねてきた。長くなってしまうが、僕にとって大きな意味を持つ、役者としての活動についても伝えておきたい。

僕が役者として活動することは、けっして最初は誰もが歓迎していたわけではなかったはず。そんな余力があるんだったら、もっとＥＸＩＬＥを大きくすることに全力を注げよ、と思っていた人もいたかもしれない。

だからこそ成功させたかったし、役者の仕事で得たものをＥＸＩＬＥにフィードバックできないと意味がない。

ダンスやパフォーマンスに関しては、ＥＸＩＬＥにいれば、いくらでも学ぶことができるけれど、俳優業に関しては、誰もなにも教えてはくれない。当たり前だけれども、そこはもう自分で開拓していくしかなかった。

開拓。

僕が俳優業に邁進《まいしん》した理由は、それだったのかもしれない。

ＥＸＩＬＥの一員として、ダンスやパフォーマンス以外の道を開拓することが、僕にできる「恩返し」じゃないか、と。

ナマナマしい話になってしまうけど、僕がドラマに主演することで主題歌をとってこれるかもしれない。

ＬＤＨで俳優業を頑張りたい、と考えている若い子たちをフックアップしてあげることもできるかもしれない。

そう書くと「それは『政治』じゃないか」と言われるかもしれないけど、けっしてそうではない。

いろんな経験をしてきたいまだから言える。

役者の世界はそういう意味での「政治」の力だけで主演を張れるほど、生温い世界ではない、と。

なによりも当時、ＬＤＨはアーティストやモデルをかかえるエンタテインメント会社だったから、ドラマや映画の世界にはあまり進出していなかった。だけど、僕が俳優業に没頭することに対して、ＨＩＲＯさんや森さんを筆頭にスタッフのみなさんは「ＡＫＩＲＡの夢を全力で応援するよ」といつもバックアップしてくれた。

だから僕は頑張れた。

ＥＸＩＬＥの活動とドラマの収録が重なると、睡眠時間が毎日1時間、というのもザラだったけど、僕は開拓をやめなかった。

命懸けの演技

2011年の夏、大きな舞台が決まった。

ジョン・ウー監督の映画『レッドクリフ』にインスパイアされた作品で、ふたつの劇場で同時に違う物語を上演する。

僕が銀座で『レッドクリフ-愛-』を演じているときに、青山の劇場ではＭＡＫＩさんが主演の『レッドクリフ-戦-』を上演していた。同じ時代をまったく違う視点から描いたものになる。

まさにＬＤＨがダンスや歌だけでなく、総合的なエンタテインメント企業になれるかどうか、という分水嶺《ぶんすいれい》。使命感は大きかった。

共演者には大物俳優陣が集結し、演出は岸谷五朗さんが担当。ＬＤＨとして大規模なプロジェクトだった。

本来なら、この規模の舞台をやる場合、３カ月間は稽古の期間が欲しい。演武や殺陣の稽古などもしなくてはいけないからだ。

ほかの出演者のみなさんは１カ月半ほど、稽古の期間が割けたが、僕はＥＸＩＬＥがノンストップで走っている全盛期に、並行して準備を進めなくてはいけなかったので稽古ができるのは実質２週間しかなかった。

ところがある日、異変が起こる。

稽古中に自分でセリフを言っていて、あきらかに声量が落ちていることに気がついた。そして、すぐに息があがってしまう。

なにか、おかしい……。

座長として、客演のキャストとコミュニケーションをとるために稽古後、毎晩のように食事に行っていた。その日も共演者のみなさんと食事をする約束だったのだが、部屋に帰ってきたら、もう立っているのがやっとで「申し訳ないんですが、今日は行けません」と断りの電話を入れさせてもらった。

翌日はＥＸＩＬＥとしてのテレビ収録。

１本目はなんとか乗り切ったが、もうそこで限界だった。

２本目の収録の前にＨＩＲＯさんに体調のことを話すと「わかった。こっちの現場はなんとかするから、すぐに病院に行ってこい」。

病院に行くと、肺に穴が開いていることが判明した。肺気胸、というやつだ。

舞台が決まってからのオーバーワークが、知らず知らずのうちに自分の肉体に歪みを起こしていた。中学のとき、サッカーをやりながらバスケの練習も続けていたことで、全身が悲鳴をあげたときのことを思い出した。まさか、そんなことまで繰り返すとは考えてもいなかった。

即、手術が必要とのことだったが、その日は準備が整わないので、１日入院し、翌日に手術をすることになった。もう本番まで１週間しかない。覚悟を決めて、体にメスを入れてもらった。

退院できたのはゲネプロの前日のこと。

まだ、一度も通し稽古すらしていないのに、報道陣や関係者の前で演技をしなくてはいけなくなった。

そんな僕のためにスタッフやキャストはAからDまで4つのパターンを考え、その準備をしてくれていた。

Aパターンは予定通り、すべての演技を行う。そこから、Bパターン、Cパターンとどんどん僕の負担が減っていき、Dパターンではすべてのアクションシーンをカットすることになっていた。退院したばかりの僕の体力に合わせて、どのパターンで上演するかを決めてほしい、ということだった。

その心遣いは涙が出るほどありがたかったし、申し訳なかった。でも、腹は決まっていた。Aパターン一択。みんなで作り上げてきた舞台を、僕の都合で不完全なものにすることはできなかった。

ただ、唯一の問題は手術と入院生活でげっそりと痩せこけてしまった肉体だった。僕が演じるのは呉の軍師・周瑜《しゅうゆ》。役作りのために体も鍛えて大きくしてきたのに（これもオーバーワークの一因になっているのかもしれないけれど……）、こんなに痩せてしまったら、説得力がでない。とりあえず衣装の下にタオルをパンパンに詰めて、少しでも体がデカく見えるように工夫をして、舞台に立った。青白い顔を力強く見せるために、メイクも濃く塗った。

生きた心地がしなかった。

舞台は約1カ月間、毎日、続く。

舞台袖に戻ったら、すぐにボンベで酸素を吸入しないと息が続かない。肺の手術をしたけれども、その影響で全身の至るところに激痛が走る。本来ならまだ安静にしていなければいけないのに、とんでもないハードワークを繰り返しているのだから、当たり前のこと。自分で鍼灸《しんきゅう》師《し》の方と点滴をするためのクリニックの方を呼んで、毎日、劇場で施術してもらって、なんとか立っていられるようなコンディションだった。

まさに生死の境をさまよいながら、なんとか千秋楽まで完走。この経験は自分の役者人生の中でとてつもなく大きな経験になっている。

ときとして、心身ともに削ってでも、無理をしてでも挑戦しなきゃいけないときがあると思う。

だけど、自分がどこまでできるのかを見極めなければプロではない。そういう意味では、当時の僕はプロとは言えなかったし、反省しかない。

いまは自分の加減をわかっているし、コントロールできる。そうしたことを、身をもって学んだのがこのときだった。

役者としてのスタンス

こうして舞台などにも出演はしていたものの、世間的には2012年のドラマ『GTO』の主演として突然飛び出してきたイメージが強いかもしれない。

役者の仕事をするようになってから、そこに至るまで、僕はコツコツと脇役もこなし続けていた。

5番手でも6番手でも構わない。

それこそエキストラのような出演の仕方でも、喜んで参加した。

EXILEのスケジュールとどうしても重なってしまい、やむをえず事務所サイドで断ってしまった仕事もあるだろうけど、基本的に「来た仕事はすべて請ける」というのが、役者としての僕のスタンスだった。


もちろん、EXILEのメンバーだから、という理由で来たオファーもたくさんあると思う。役者の世界ではもちろん、世間的にもまだまだEXILEには「新参者」というイメージが強かった時代。そんな新参者の、まったく俳優なんてやるイメージのない集団の1人が演技をする、というだけで物珍しかったんだろうし、いい意味でも悪い意味でも、僕がドラマや映画に出ると注目された。

だからこそ、真摯《しんし》に演技と向かい合いたかった。

ダンサーが片手間で役者をやっている、と思われたくない。いや、世間からはどうしてもそう見られてしまうだろうけど、現場では共演者やスタッフさんに絶対、そう思ってほしくなかった。

とにかく現場に入ったら、ＥＸＩＬＥという鎧を脱いで、ほかの俳優さんたちに敬意を表する。丸裸になって、共演者のみなさんと演技でぶつかり、あとはもう芝居に対する姿勢でこっちの本気度をわかってもらうしかない。ある種、それもＥＸＩＬＥ魂だ。

結果として、それが仕事に繋がっていった。

現場での評判が、次の仕事を呼び寄せる感じで、どんどん次回作が決まっていく。

そうやって現場がどんどん繋がっていった。

自分がそうして開拓してきたことによって、いま後輩たちがよりよい環境で役者の仕事ができているのであれば、それは本当に誇りに思う。

視聴率という天国と地獄

僕はけっして演技がうまくはない。

スキルがない分、とにかく全力投球する。

そうでなければ、年に5本も6本もドラマや映画に出演している俳優さんたちには到底、太刀打ちできない。

こんなこと自分で言ったらいけないんだろうけど、僕の芝居にはムラがある。

調子がいいときには、自分でも驚くような芝居ができるけど、どうにもならないときには、本当に酷《ひど》いものだった。さすがにキャリアを重ねてきて、少しずつ調整してきたけれども、最初の頃はホームランか、三振か、というぐらいムラがありすぎる役者だった。

自分の中では「置きにいく演技」ではなく「自分を全開に解放する」という気概で現場に臨んでいた。

そして、演技では想定内じゃなくて、想定外を常に求める、というのも自分のスタンスだと思っている。

でも、自分では徐々に解放していきながら、想定外を求めながら正解を探そうとしているのに、まだその途中で監督から「はい、オッケーです!」と言われちゃったりもする。そこはもう一発でやりきれていない自分が悪いので「あぁ、はい……」と受け入れるしかない。

もっともっと演技の精度を上げていかないとダメだな、と。

そこは個人の課題だし、演技について批評される分には構わない。

ただ、どうしても世間は視聴率というモノサシでドラマをジャッジしがちだ。

ちなみに『GTO』のときは、そのクールのドラマで最高視聴率をマークしたので、なんの問題もなかったのだが、視聴率が悪い作品では、これでもかと叩かれた。

2015年の夏に放送された『HEAT』がそうだった。

「あのEXILEのAKIRA主演のドラマが惨敗」

EXILEやLDHはそれまであまり叩かれる要素がなかった。だから、こういうマイナス要因が出てくると、ここぞとばかりに総攻撃されてしまう。

なにを言ったところで言い訳になってしまうけど、クランクイン直前になって、急遽《きゅうきょ》、プロデューサーが交代となり、物語の基本設定までガラッと変わってしまった。

とはいえ、どんな状況であれ、それをいい作品へと昇華させるのが役者の仕事だ。だから、それが僕の俳優としての真の実力だったのだ。結局、納得がいかないから誰かのせいにしているだけだった。いまだったら、もっとうまくやれるのに、と思うけれど、そう考えられるのは、このときの失敗があったからこそ。

なんだかんだで、あのドラマがうまく回っていたら、たぶん僕は役者としてダメになってしまっていたと思う。

僕のせいでＥＸＩＬＥが叩かれる隙を作ってしまったことは、本当に申し訳なかったし、個人的にもやるせない思いでいっぱいだった。

社内の空気も明らかに変わっていた。完全に腫れ物に触るような扱い。低視聴率のニュースが流れるたびに、その傾向は強くなり、最終的には見て見ぬふりをされているような空気になった。もちろん気遣いだとわかっていたが。

『ＧＴＯ』の最高視聴率で天国を味わって、その数年後には低視聴率で地獄を見た。

役者として、１本でも「代表作」が残せれば幸せ、と言われる中で、僕は『ＧＴＯ』という一生の代表作に出会えた。２回ゴールデンタイムでレギュラー放送され、３本もスペシャル版が作られた上に、台湾でも制作された。さらにそのほかにも、数々の主演作に携わらせてもらった。役者冥利《みょうり》に尽きる、とはこのことだ。

しかし、『ＨＥＡＴ』で地獄に突き落とされた。

いまとなってみれば、この経験はすごく貴重だったな、と思う。こんなに短期間のうちに主演作品で「天国と地獄」をいっぺんに体験した俳優は少ないのではないだろうか。綺麗事に聞こえるかもしれないが、これはきっとリアリストとして生きているからこその現象だと思う。

常に真正面からぶつかっているから、とてつもなくアップダウンが激しいのだ。

これがリアル、なんだと思う。

天国と地獄を短期間で味わった4年間を僕は一生、忘れない。

もちろん「いい経験でした」で終わらせるつもりはない。

現状、僕の主演連ドラは3年前、低視聴率で叩かれた『HEAT』でストップしている。

だが、いつの日か、あの地獄からのリベンジを必ず果たす、と心に決めている。

ここ数年は『HiGH&LOW』や『たたら侍』など、僕はLDH制作の作品に関わることが多かった。それはそれでありがたいことだ。それだけLDHの俳優部門が活発に動くようになったのは、本当になんの礎もなかった10年前のことを思えば、僕らにとってはとてもありがたく、夢のような話である。

僕やＭＡＴＳＵさんやÜＳＡさん、ＭＡＫＩさんが「劇団ＥＸＩＬＥ」を立ち上げたときには、なんのコネもツテもなかったから、自分たちでステージを作り、そこからアピールすることで、道を拓いていくしか方法がなかった。そんな場をＨＩＲＯさんがサポートしてくれていた。

それがいまではＬＤＨは俳優部門にも力を入れるようになり、映画の配給まで行うようになった。そうやって状況が整ったときには、僕以外にも若い子たちがたくさん主役として活躍できている。それはそれでいいことだと思うし、本当に僕は役者として10年間をいろんな意味で駆け抜けたんだな、とも思う。

ただ、僕個人としては、だからこそ甘えず、もっともっと外に出て、いろんな経験をしなくてはいけない、といまだに考えている。いや、外に出なくてはいけない、と痛感している。

ＥＸＩＬＥに加入したときと同じこと。いい環境だからこそ、１００段下がって役者としてトライしていく必要があると僕は思っている。

リーダー論

ある程度、キャリアと年齢を重ねてきたことで「次のＥＸＩＬＥのリーダーをＡＫＩＲＡに任せたい」「ＡＫＩＲＡしかいないよね」みたいな声も耳に入ってくるようになった。

これは本当に難しい問題だ。

だけど、ＥＸＩＬＥのキャリアで言えば、ＡＴＳＵＳＨＩくんの次に長いのは僕。パフォーマーの中では一番長いキャリアになっているのも事実だ。

僕にとっても、みんなにとっても理想のリーダー像は、やっぱりＨＩＲＯさんということになる。現に、ＥＸＩＬＥのリーダーは誰がなんと言おうとＨＩＲＯさんだ。

じゃあ、僕がＨＩＲＯさんの言動をトレースして、それを受け継いでいけばいいのか、と言えば、それは大間違いだ。

周りの人間も僕にそれを望んでいないし、僕にもＨＩＲＯさんのように大きな組織を引っ張っていけるだけの力量がない。

僕にはＨＩＲＯさんみたいにみんなを引っ張ることはできないから、もし、グループをまとめるようなことになったらいまは「自分なりに背中で語る」しかないな、とは考えている。

自分は統率力のない先輩だからこそ、率先して嫌なことも引き受ける。

当たり前のことや、誰もやらないことを先陣切ってやることで、その背中を見て、メンバーたちになにか少しでも伝染してくれたら、それだけでいいな、と。

不器用な僕はそうやって切り拓くしか方法はなかった。

もちろん僕も昔のように、もっともっと自分流に暴れまくってカマしていくことはやめない。

だけど、そのときも、周りを盛り上げるということは忘れない。若い世代の子たちも含めて、メンバーをリスペクトして、一緒に盛り上げていくことが、ＥＸＩＬＥを活性化させていくと思うから。

ＥＸＩＬＥに加入したとき、オリジナルメンバーから感じた信念は、そういう絆やグループ愛だった。

みんなの夢を共有する。

それこそがＥＸＩＬＥだといまになってようやく心の底からわかったのだ。

そうした心からグループを大切に思う気持ちは、すべて行動に表れていくはずだ。それを感じてくれたり、背中で感じたりしてくれたら、自分の存在意義はあるのかもしれないと思っている。

ＥＸＩＬＥは、心からグループを大切に思い、行動する人たちの集まりだ。だから、そうした意味で言えば、僕がリーダーじゃなくて、どの世代のメンバーも、みんなひとりひとりがリーダーなんだと思う。

「ＥＸＩＬＥ」という名が、それぞれにとって名字になっているように。

僕はＥＸＩＬＥ ＴＲＩＢＥというのは実質「ＨＩＲＯさんＴＲＩＢＥ」だと思っている。すべてのグループに寄り添っているのはＨＩＲＯさんだけだし、すべてがＨＩＲＯさんによって繋がっているんだから、これはもう「ＨＩＲＯさんＴＲＩＢＥ」だ。

これから僕たちがやっていくべきことは、そうやってＨＩＲＯさんが創ってきたものを維持するだけでなく、その魂を継承していくこと、みんなで繋げていくこと。

形あるものに永遠はないけれど、精神や魂は永遠に継承できる。

いま、本当の意味でＥＸＩＬＥ ＴＲＩＢＥを築き上げていくことが、これからの僕たちの務めだと思う。

ＥＸＰＧとRAG POUNDという「原点の場所」

継承という意味では、僕にとってとても重要なことがある。

僕のＬＤＨでの歩みはＥＸＰＧからスタートしている。

そのＥＸＰＧに２０１７年10月から「RAG POUND」クラスが開講された。

僕が組んでいるユニットの名前が冠されたクラスでは、あの頃、僕たちが必死になって取り入れてきたクランプのレッスンを受けることができる。

もちろん、僕が作ってくれ、と頼みこんだわけではない。

自然発生的にこのクラスの設立がプランニングされ、実際に生徒たちが集まってくれた。

自分の原点であるＥＸＰＧに、自分が歴史を刻んできたRAG POUNDのクラスができる。

こんなに感慨深い話はない。

自分たちのスタイルを押しつけることは簡単だ。実際、昔は「俺たちのダンス、カッケーだろ？」と周りに押しつけてきたようなものだ。

それが、求められる形でこうして開講された。

開講初日には昔の仲間と一緒に見学に行ったが、やっぱり下積み時代のことを思い出したし、自然と体が動いてしまった。

ダンスしかできなかった自分がＥＸＩＬＥのメンバーになり、映画やドラマに出たり、バラエティー番組に呼ばれたりと、いろいろな経験を積んできた上で、また原点であるＥＸＰＧに足を踏み入れ、生徒たちを見ながら、一緒に踊っている。

ひたすら、ひとつの道を究めることも大事だろうけど、こうやって原点を大事にしながら、さまざまなことにチャレンジすることで、より大きな夢を手に入れることもできる。

きっとこれも、ＥＸＩＬＥ魂、ＥＸＩＬＥイズムの継承に繋がるんだろうし、実際、スタジオでは当時のRAG POUNDの活動なんて知らない子どもたちが、僕たちのダンススピリッツと技術をしっかり継承してくれている。

まさに「チームビルディング」。

それぞれが、それぞれの役割を頑張ることで、チームに戻ってきたときに、よりチームは強くなる。ものすごく時間はかかったけれども、僕は「原点の場所」でそれを実感することができた。

ちなみにRAG POUNDは正式にデビューしているわけではない。クランプを日本のダンスシーンに取り入れた仲間や、その繋がりで知り合った後輩たちと2005年に結成し、ただただ純粋にクランプを楽しみ、追求してきたチームだ。

そのチームが、いままた再結成しただけで、ナチュラルに初心に帰れる場所、という意味では、僕にとってEXPGに近い意味があるのかもしれない。

売れているとか売れていないとか、そういうレベルの話ではなく、「気合い入ってんの？スキルねぇの、ダサくない？」というストリート魂で語れる場所。この歳になってもいい意味で無邪気になれて、丸裸になれる。だから、僕にとっては本当に大事なグループだ。

そして、なによりもEXPGの生徒たちにとって、一番の模範というか、夢を見せられるグループじゃないか、と勝手に思っている。

ダンスひとつで魅了させられる。そういう夢を生徒たちに見せてあげるためにも、今後もRAG POUNDとして貢献できることは並行して続けていきたい。

「世界進出」という開拓

もうひとつ、これからのEXILEがやっていくべきこととして、僕が考えているのは「世界進出」だ。

自称・切り込み隊長として、いろいろな道を切り拓いてきた僕としては、EXILEの看板を背負って、次になにをすべきか？　と考えたときに「世界」を意識するようになってきた。

海外の方と接していると、みんな、日本が、東京が大好きだということに気づく。カルチャーはもちろんのこと、食も、住環境も、すべてにおいて日本は世界的にもかなり高いレベルにある。日本に住んでいると、なかなか気づきにくいことだけど、僕がオフのたびに衝動的に海外に飛び出るのは、そのことをもっと強く感じ、アピールすべきではないか、と常々考えているからだ。

僕は、日本のエンタテインメントのレベルは世界に誇れるほど高いと思っている。だから、日本人が観て楽しんでいるステージは、海外でも絶対に喜んでもらえるはず。メイドインジャパンのエンタテインメントが世界を席巻する、と考えたら、それは痛快だし、僕たちのパフォーマンスは言語を超えられる。


ある意味、ストリートカルチャーから成長してきたＬＤＨ流のエンタテインメントは、そのルーツを最大限に活かせる場所が海外にもたくさんあると思う。

実際に、アメリカ、アジア、ヨーロッパなどで、すでにその挑戦をはじめている。

さまざまな国のクリエイターたちと出会い、ともにエンタテインメントを創り上げていくことで、さらなる新しいものが創り出せると思うし、それは翻って、日本のみなさんに新しいエンタテインメントを届けることにも繋がるだろう。


いまや「日本の次は世界だ」という考え方じゃない。

日本にいながらも、世界に挑戦できるルートができているからこそ、日本でも海外でも同じモチベーションで挑戦していきたいと僕は思っている。
だから、いま挑戦しないわけにはいかない。

そういうことが考えられるほど、EXILEというものは、ひとつのカルチャーとして確立しつつあると思うし、もはやグループやチームを飛び越えて、いろんな人が夢を共有する「場所」になっていると僕は認識している。

たくさんの夢を叶えるためにも「世界」というキーワードは、これから重要になってくると思う。

再び「最強のメンバー」に

僕がこうした挑戦を続けられているのは、先人たちが創り上げてきてくれたもの、伝えてきてくれたことに加えて、支えてくれる下の世代の存在が、とてつもなく大きい。

若いメンバーたちは、僕よりもよっぽどしっかりしているし、むしろ僕が教えてもらうこともたくさんある。

ガンちゃん（岩田剛典）、世界、関口メンディー、大樹、亜嵐たち第四章から加入したメンバーに対して、僕は本当にすごいと思っている。

僕らは……いや僕の先輩たちは、なにもないところを開拓し、そこにレールを敷いてきた。それがEXILE、である。

レールがなかったから、常に不安と隣り合わせだったし、新しいものを生み出すにはかなりのエネルギーが必要だった。ゼロからイチを創り出すのは大変なんてもんじゃない。

じゃあ、その下の世代はちゃんとレールが敷かれているから大変ではないのか、といったら、そんな単純な話ではない。

綺麗にレールが敷かれ、その先には栄光が見えている。

だからこそ、失敗は許されない。

そのプレッシャーはハンパないし、さらなる高みを要求される。僕らには想像もつかない苦労があるだろう。

そんな環境で結果を出してきた彼らを、僕はとても尊敬している。

なにより、忙しいさなか、疲れた顔ひとつせず、EXILEでの1日1日に全力で向き合っているところは「本当にすげえ!」と思う。

そして、NAOTO、直己に対しては、僕はちょっと特別な思いがある。NAOTOは僕に持っていないものを持っている。人当たりのよさ、頭の回転のよさには、いつも本当に感心させられている。

ぜんぜんタイプの違う僕とNAOTOを足して2で割ったら最強なんだろうな、と勝手に思っている。

一方の直己は、嫌がるかもしれないけど、僕と似ているところが多く、まるで自分を見ているみたいに思うことがよくある。

不器用なところや、ひとつのことに集中すると周りが見えなくなるところ、猪突《ちょとつ》猛進なところ……数え上げればきりがない。

残念ながら、僕と決定的に違うのは直己は頭がいい、ということ。

NAOTOの頭のよさとはまた違って、EXILE魂を理論的に言葉や文章にするのがうまいのだ。EXILEの説明書を書かせたらメンバー1だと思う。

2人とも、三代目J Soul Brothersをリーダーとして引っ張る経験をしているから、いつも助けてもらっている。ＥＸＩＬＥにとって陰の立役者だ。僕らＳＥＣＯＮＤは一生懸命に体当たりで盛り上げていくタイプに対して、いい意味で、俯瞰で見て支えてくれている。

この場を借りて、僕はＮＡＯＴＯと直己に謝りたい。

彼らは三代目J Soul Brothersの活動を通して、自分たちなりに「ＥＸＩＬＥを今後、こうしていくべきではないか？」という考え方が、かなり明確なものとして存在していた。ただ、３年前の僕はいっぱいいっぱいになっていて、どうやってＥＸＩＬＥを回していいのかもわからなかったから、彼らの意見をしっかりと受け止めることができなかったし、例のごとく、荒れて当たってしまったこともあった。本当に申し訳なかったと思う。

２年前からＳＥＣＯＮＤのメンバーとして一緒に過ごしてきたねっさん（ＮＥＳＭＩＴＨ）とＳＨＯＫＩＣＨＩ。

２人は、二代目J Soul Brothersのボーカルとしてデビューし、ＥＸＩＬＥに加入したあとの10年間はパフォーマーとして活動してきた。

だから、ＳＥＣＯＮＤが２年半前に再始動することになったときに、ようやく２人は

「ボーカリスト」というメインの立ち位置に戻ってくることができた。そう考えると、ボーカリストとしては、EXILE TRIBEの中で一番長く武者修行をしてきたと言えるだろう。

この2年半のSECONDの活動で、彼らはそれまで努力し、溜め込んできた才能を爆発させた。陰でものすごい努力をしてきたことは、ライブが物語っている。それを僕は同じグループのメンバーとして間近で見ることができた。

ねっさんは、常に持ち前の明るさと人柄で僕らを明るくしてくれる。かつてATSUSHIくんが「ブラックの血を持ちながら日本語の曲を歌える日本人はネスしかいない」と言っていたが、まさしく僕もそう思う。SHOKICHIは多才な音楽性とプロデュース力で引っ張ってくれている。SECONDのエンタテインメントは、SHOKICHIの音楽性から生まれていると言っても過言ではない。

2人は、ボーカリストとしてもEXILEを支えていけるという特別な立ち位置にいる。これほど心強い存在はないと思う。

「下積み」時代を過ごしてきたケンチ、TETSUYA、啓司と、絶対的ボーカリストの

ＡＴＳＵＳＨＩくん、ＴＡＫＡＨＩＲＯ。多才なＳＨＯＫＩＣＨＩ、ねっさん。陰の立役者のＮＡＯＴＯと直己。エナジーと野望に満ちあふれている新メンバーのガンちゃん、世界、メンディー、大樹、亜嵐。そして15人をさまざまなかたちで支えて先陣をきってくださるＨＩＲＯさんはじめオリジナルメンバー。

こんなに心強いメンバーがＥＸＩＬＥには集まっているのだ。最強にならないはずはない。

自分がまだ何者でもなかったころ、こんなに素晴らしい仲間たちができるとは思ってもいなかった。

もがいて、あがいてここまできた僕へのご褒美のひとつだと思っている。

神様はともに闘う戦友と巡り合わせてくれた。

ＥＸＩＬＥ魂

２０１８年夏、いよいよＥＸＩＬＥが本格的に再始動した。

一時休止して「2018年に復活」と発表した時点では、正直、本当に2年半後に復活できるのだろうか？　という不安もあった。

すでに書いたように、誰も新しいEXILEの動かし方がわからなくなっていた。僕もわからなかった。


この2年半の間、それぞれがそれぞれの場所で活躍し、15人が集結した。

この間は流れを作ろうと思って、作ってきたわけではない。ただ、みんなが2018年のEXILE復活を頭に入れた上で、EXILE愛とEXILE魂で走ってきた。

そこでわかったのは、EXILEを創る、EXILEを動かす、というのは並大抵のことではない、ということ。

いままではHIROさんに甘えてきたし、ÜSAさん、MAKIさん、MATSUさんに引っ張ってもらってきた。

その誰もが現場からいなくなったとき、どうやって動かせばいいかわからなくなるのは当然だし、2年半の間、そのことばかり考えてきた。

久々に15人が揃ったとき、そこにはＥＸＩＬＥならではの「無敵感」があった。

僕たちの武器、それは全員が「ＥＸＩＬＥが好きだ」ということ。

そして15人全員がリーダーである、という新しい形。


自分たちがＥＸＩＬＥであることに再び自信が持てるようになった。

活動を休止して、それぞれに答えを探す「旅」をしてきたことは無駄ではなかったんだな、と思う。


ＥＸＩＬＥとは「放浪者」という意味だ。

みんな、それぞれに放浪をし、リーダーになって、ふたたび集った。

ここから、またＥＸＩＬＥとしての新しい「旅」がはじまる。


ＥＸＩＬＥは、いつまでも青春を感じられるグループだ。

いい大人たちが、ＬＯＶＥ、ＤＲＥＡＭ、ＨＡＰＰＩＮＥＳＳという青臭いことを、自信を持って言っている、そんなグループはほかにない。

このみんなの思いをのせた壮大な「旅」は、これからもずっと終わらない。

ＥＸＩＬＥは15人だけじゃない。

それぞれの人生、それぞれの思い……ＥＸＩＬＥを繋いでくれているたくさんの人たちの思いと人生がある。

いろんな人たちの夢を乗せて、未来へと進んでいかなくてはいけない。

だから、僕たちは今日も「前」だけを見て、生きていく。それが先人から受け継いだ「ＥＸＩＬＥ魂」というＤＮＡだと僕は思っている。

愚者であれ

この本を書くにあたって過去を振り返ったら、僕は〈賢者〉ではなく〈愚者〉だったということが改めてわかった。

でも、その愚かな行為、失敗、挫折、すべてがあったからこそ、いまの自分があるし、成長できている。

最初から書いてきたように、僕の中には「2人の自分」が存在する。

〈愚者〉の自分。

〈賢者〉の自分。

両方が共存しているのだと思う。

〈賢者〉の部分があるからこそ、〈愚者〉になることができた部分もある。

自分はまだまだ未熟だ。

道のりは長いし、これからもきっと壁もたくさんあるだろう。でも、攻めの姿勢は貫いていきたい。

自分が生きてきた証を大切に、自分なりに生きていきたい。

だから、あえて言う。

自分はこれからも〈愚者〉であることを隠さずに生きていく。

0 新章

再出発

それから3年半――。思いもよらなかった未曽有の事態が世界を襲い、僕たちは以前とまったく異なる日常を生きている。

2019年末に発生した新型コロナウイルスによるパンデミックは、僕たちの生活を一変させた。2020年にはほとんどすべてのアーティストのライブ活動がストップし、僕たちは悪夢のような、それまでに想像し得なかった苦悩の2年間を過ごした。

そうした状況でも、僕たちは自分たちのエンタテインメントを、LDHの想いをさまざまな形で伝えてきた。「ピンチはチャンス」、EXILEの根底にあるこの精神がいつも僕たちを支えてくれていた。この困難をEXILE TRIBE一丸となって乗り越える、そんな想いで駆け抜けてきた。

そして、2022年、14人のNEW EXILEは新たなスタートをきった。

1月1日にEXILEとしては3年半ぶりとなるニューアルバム『PHOENIX』をリリースし、2月からは単独でのアリーナツアー「EXILE 20th ANNIVERSARY EXILE

LIVE TOUR 2021 "RED PHOENIX"」で全国7箇所をまわる。

僕にとって、このＥＸＩＬＥの20周年を祝うツアーが「アリーナツアー」であることに、とても重要な意味がある。

10年近くドーム規模での公演を行ってきたＥＸＩＬＥが、なぜこのタイミングでアリーナツアーを行うのか。さまざまな理由はあるが、一番はファンの方々＝ＬＤＨファミリーのみなさんを近くに感じたいという想いからだった。

後に詳しく書くことになるが、このコロナ禍でパフォーマンスをする場所をなくした僕たちは存在意義を失っていた。そんな中、久しぶりのステージに立った僕たちを温かく迎え、存在意義を与えてくれた方々に丁寧に感謝の意をお伝えしたい。そうした想いから、これまで行けていなかった各地域の人たちのもとに出向き、ＮＥＷ ＥＸＩＬＥをお届けしたいと思ったのだ。そして、ファンの方々の中には、ライブに行きたいと思ってもまだ行くことが怖い、遠方への移動が怖いという方々も多くいらっしゃると思う。そうした方に、自分たちが出向くことで少しでも安心して来てもらいたい。そんな想いもある。すべての地域にうかがいたい、少しでも多くの場所に足を運びたいという気持ちは山々だが、いまだ規制がある会場が多々あるため行ける場所が限られるのは残念だが。

もうひとつの大きな理由。それは、アリーナは常に僕の重要な分岐点となるツアーをしてきた場所でもあるからだ。僕がＥＸＩＬＥに加入して初めて行ったツアー「EXILE LIVE TOUR 2007 "EXILE EVOLUTION"」、EXILEが大幅にメンバーを増加した年に行われた「EXILE LIVE TOUR 2009 "THE MONSTER"」、僕がEXILE THE SECONDに加入して初めてのツアー「EXILE THE SECOND LIVE TOUR 2016-2017 "WILD WILD WARRIORS"」、ＥＸＩＬＥ３年間の活動休止後の復活へと繋げた２０１８年の「EXILE THE SECOND LIVE TOUR 2017-2018 "ROUTE 6・6"」。振り返ると、自分たちのターニングポイントには必ずアリーナツアーがあった。僕にとって、「出発」「再始動」という重要な意味があるのだ。

「PHOENIX」には〝不屈の精神で何度でも立ち上がる〟〝前を向いて挑戦していく〟という僕たちの熱い想いが込められている。そして、失った時間を取り戻そうという意味も込めて、ツアータイトルには「２０２１」という年号を残している。

突然の自粛要請

２０１９年12月31日。

福岡ヤフオクドーム（現PayPayドーム）でカウントダウンライブ「LDH PERFECT YEAR 2020 COUNTDOWN LIVE 2019→2020」で僕たちの新たなる1年の幕があいた。「PERFECT YEAR」とは、6年に一度行っているLDHグループが総力を挙げて開催する総合エンタテインメントの祭典だ。特にこの年は、過去最大規模のスケールで開催するため、長い期間準備を重ねてきた。復活した15人のEXILEをはじめ、EXILE TRIBE全員でまさに「さぁ祭りを始めよう」というタイミングだった。

２０２０年1月19日を皮切りに、「PERFECT YEAR」の先陣をきるべくEXILEのツアー「EXILE PERFECT LIVE 2001→2020」が始まった。そのときすでに日本でも厚労省から新型コロナウイルス（当時は新型肺炎と呼ばれていたが）の注意喚起を促す報道発表が出ていたため、僕たちはその状況をうかがいながら福岡、名古屋、そして大阪の9公演を行っていた。

すべてが一変したのが、ツアーファイナルの２０２０年2月26日だった。

この日の公演の数時間前に、政府が新型コロナウイルスの感染防止のため、「今後2週間の大規模イベントの中止・延期を要請する」と発表したのだ。

大阪・京セラドームの会場入りをしていた僕たちに、激震が走った。

すぐに僕は東京にいるＨＩＲＯさんやスタッフたちと連絡を取り合い、どう対応するのか、話し合った。政府の要請によって公演を中止するかどうかの決断を迫られる。こんな経験は、今まで生きてきた中で一度も起こったことがない。

中止するのか、無観客で配信するのか。ＳＮＳを使った無料配信ライブに切り替えるという案も出たのだが、それで果たして本当に届けたい人たちに届くのか。そもそも観客を入れずに公演を行うこと自体がいいのか悪いのかもわからなければ、ファンのみなさんがそれを本当に求めているのか、それすらもわからない。この日ライブを行うことを知らずにたまたまＳＮＳでライブを目にした方の中には、「なぜこの状況でライブをやっているの？」と疑問に思う方もいらっしゃるかもしれない。何もかもが未知数の中、僕たちは考えに考えた。

裏では、スタッフたちが同日に公演を行う予定のアーティストたちがどういう対応をとっているのかをリサーチしていた。どのくらいの規模の公演が行われるのか、どのくらいの規模の公演が中止されるのか。さまざまな情報がかけめぐる。

会場の前にファンの方々は集まってくれている。

自分たちはどう行動するべきなのか。何が正解なのか。

ドームという最大規模の会場で、もし自分たちが政府の自粛要請に反して公演を行ったら、ほかに予定されている公演も「ＥＸＩＬＥがドームでやったのなら、自分たちもやってもいいだろう」という判断をするかもしれない。そういう意味では、この後のエンタテインメント業界をも左右してしまう可能性まで考えて判断しなくてはいけない。決して偉そうな意味ではないのだが、そんな責任も感じていた。しかも、開演が迫るこの１～２時間の間にそれを決定し、みなさんにお伝えしなくてはならない。

メンバーの間でもさまざまな意見が飛び交った。

――結果、僕たちはみなさんの安全を第一に考え、この日の公演を延期することを決定した。

当日、楽しみに足を運んでくださったみなさんへの申し訳ないという気持ち、それでも開催するという決断をどうしてもできなかったあのときの無念さはずっと心に残っている。

そして、東京へ戻った僕は、その後に予定されていた公演の対応に追われることになった。「ステイホーム」を極力守りながら、毎日のようにＨＩＲＯさんをはじめ各チームのリーダーたちと連絡を取り合い、協議を重ねた。

専門家の方々で構成した「ＬＤＨ新型コロナウイルス感染症対策専門家チーム」を立ち上げ、医療関係者など専門家の方々にも助言をいただきながら、あらゆる可能性を探った。

だが……。

２０２０年3月26日。

僕たちは「LDH PERFECT YEAR 2020」として予定していたすべての所属アーティストの全３３４公演を延期・中止することを発表。結果的に、あの2月26日の前日に行った公演を最後に、僕たちの「PERFECT YEAR」は幕を閉じた。

ＥＸＩＬＥ ＴＲＩＢＥのリーダーとしての決意

時系列は少し前後するが、コロナ禍に入る前、僕はＨＩＲＯさんから「これからＡＫＩＲＡにリーダーとしてＥＸＩＬＥ ＴＲＩＢＥをまとめてもらいたい」という話をいただいていた。

ＥＸＩＬＥの休止中、僕はＥＸＩＬＥという船に乗る立場から、漕ぐ立場になる覚悟を決め、いろんな壁にぶちあたりながらも前に進んできた。パフォーマーとしては一番最年長のキャリアだった僕は、必然的にグループを引っ張る立場になっていたし、その自覚も生まれていた。だけど、今度はＥＸＩＬＥ ＴＲＩＢＥ全体のリーダーという立場。

ＥＸＩＬＥ ＴＲＩＢＥに所属する総勢80名弱のメンバーをとりまとめなくてはいけない。おこがましいけれど、加入当初から抱いていた目標のひとつであり、恩返しでもある「ＨＩＲＯさんの右腕になる」ということ、それが現実的になる日がきた。

そうした経緯もあって、ステイホーム期間中には、それまで以上にＨＩＲＯさんと密に連絡を取り合い、ＥＸＩＬＥをはじめとする全グループの活動について検討すること、そして各グループのメンバーたちにＨＩＲＯさんからのメッセージをそれぞれの世代の目線に合わせながら代弁し、伝達していくことも僕の大きな役割となっていた。

ＥＸＩＬＥ ＴＲＩＢＥのリーダーを任される少し前から、僕の意識は変化していた。

ＥＸＩＬＥを動かさなくてはいけない立場になり、改めて僕はＨＩＲＯさんの存在の大きさを実感していた。

HIROさんにあって、そのときの僕にはなかったもの。それは「説得力」だった。

HIROさんは、LDHという会社全体はもちろん、常にEXILE、EXILE TRIBEのメンバーについて細部まで把握している。日常では関係各所、外部の方々はもちろん、何をするにも裏でスタッフたちを気遣い、自ら率先して綿密に打ち合わせをし、必ずすべて用意周到に準備した上でメンバーに提示してくれていた。言うなれば社内業務だけでなく、その中枢にいる「EXILE TRIBEのすべて」をHIROさんは把握している。会社のトップとして当たり前と言われたらそうかもしれないが、これだけの大所帯のメンバー一人一人の個性や性格までを熟知し、フォローすることはなみならぬ時間と配慮が必要だろう。

だからこそ、先手を打ってメンバーたちを導くことができるし、未来のビジョンを提示することもできるし、危機回避もできる。「真のリーダー」とは、まさにHIROさんのことを指す言葉だと思っている。

HIROさんのような説得力を持つにはどうしたらいいのか。そう考えた僕は、まずはとにかくすべてのEXILEの現場にいよう、と決意した。

僕が個人の仕事に時間を割き、現場にいないことが多ければ説得力がない。そう考えた僕は、「来た仕事はすべて請ける」と決めていた俳優の仕事を含め、ＥＸＩＬＥ以外の仕事を極力断るようになっていった。もしかしたら、これからまた俳優業にトライするときはくるかもしれないけれど、今はＥＸＩＬＥに集中すると決め、行動に移した。それくらい、ＬＤＨエンタテインメント復活に懸ける想いが強かった。そのためには、僕が誰よりもＥＸＩＬＥの状況を知っていなければいけないし、メンバー一人一人の状況も把握しなくてはいけない。それは関わるスタッフたちも含めて、僕がすべてと繋がり、把握していないと、導いていくことができない。

そう覚悟を決めて動いていく中で、「ＥＸＩＬＥ愛」についても変化があった。僕は、自分の中のＥＸＩＬＥ愛を「無」にしようとした。これは、決してネガティブな意味ではない。ＥＸＩＬＥ愛を、僕が押しつけるのではなく、みんなで創っていく作業に変わっていったのだ。「自分が愛したＥＸＩＬＥはこうだ」「ＥＸＩＬＥはこうでなくちゃいけない」という固定観念を取り払う。過去のＥＸＩＬＥを追うのではなく、自分たちのＥＸＩＬＥを創っていく。そういうマインドにチェンジしていった。

今のメンバー全員がＥＸＩＬＥを楽しみ、誇りと夢を持てる環境を作るためには、自分の感情や価値観はどうでもいい。ＥＸＩＬＥを輝かせ、最高のエンタテインメントを世の中にお届けするために、自分には何ができるのか。それだけを考えるようになった。

守るべき家族

２０１９年にはプライベートにも大きな変化があった。

6月6日、リン・チーリンと入籍し、公式サイトで発表した。

彼女と出会ったのは、終章に書いた肺気胸を患いながらも、退院翌日から31日間34公演の舞台へ上がった『レッドクリフ -愛-』だった。

退院直後に舞台へ上がる僕を気遣い、毎日栄養ドリンクを差し入れてくれたのも懐かしい思い出だ。その後、お互いに忙しく、遠く離れていることもあり、なかなか会う機会が少なかったが、ご縁があり結婚へと至った。

結婚後、僕たち夫婦は共演することもあったし、2人の写真も世に出している。あまり隠すようなことをしたくない理由が僕にはあった。

日本人は奥ゆかしさを大事にする。だからか、海外の俳優などと比べると、レッドカーペットを夫婦で歩くことは少ないし、ＳＮＳに写真を載せることを拒む人も多いだろう。

僕は、人生を一緒に歩んでいくパートナーと巡り逢えたことで、自分にはなかった価値観や世界観、無償の愛情や優しさと共に日々いろんな景色を見ることで、結婚や家族という経験から自分のさらなる成長と新たな扉を開かせてもらえた。

だからこそ、その景色をファンの人たちと共有し、愛や幸せをシェアできたらと思っている。

僕はひとりの人間としてもファンのみなさんに受け入れていただいた上で「ＡＫＩＲＡのパフォーマンスが見たい」と思っていただけるアーティストになりたいし、そうでないと本物のエンタテイナーではないと思うから。

そしてまた、「守るべき家族」ができたことは、不安なコロナ禍の状況でも心の支えになっている。

「ピンチをチャンスに」

２０２０年のほとんどライブができなかった時期も、僕は社内でのコロナ対策をはじめ、この状況でファンの方々にどうしたら僕たちのエンタテインメントを発信することができるのか、各部門のリーダーたちと連携をとりながら慌ただしく奔走していた。

と同時に、僕はこれまでにない無力感を味わっていた。

すべてのエンタテインメントがストップし、今まで当たり前だったことが、すべて当たり前じゃなくなった。ライブができないだけでなく、テレビでもパフォーマンスができない。どこにも披露する場所がない。家にいるだけになってしまったら、パフォーマーなんて、何の存在価値があるのだろうか。

あの状況で一番必要とされているのは、正確な情報と衣食住。エンタテインメントという娯楽は、それらが確保された先にあるものだ。

何も僕たちから発信することができない。そうなったときに、「自分たちが作り上げてきたエンタテインメントとは何だったのだろうか」と、僕たちがこれまで作り上げてきたものの存在価値すら疑った。

僕たちはコロナ禍になる前、ドームやスタジアム規模のライブを毎年のように行ってきた。僕たちは、いつの間にかそれが当然のように永遠に続くという錯覚に陥ってしまっていたことに気がついた。今まで当たり前だと思っていたことは、実は奇跡の連続だったのだ。失って、初めてその有り難さを痛感した。

一方で生まれたのが、そんなことばかりを考えていてもらちがあかない、という想い。EXILEは、どんなときでもピンチをチャンスに変えてきたグループだ。自分たちで新たな道を模索しないといけない。こんなときだからこそ知恵を振り絞って考えよう。無力さを感じながらも同時に、僕は頭をフル稼働させていた。

この危機に立ち向かうため、会社を挙げて知恵を振り絞り、2020年6月には「CL《シーエル》」というオリジナル番組やライブ配信などの視聴サービスを立ち上げた。翌月には、有料配信ライブ「LIVE×ONLINE」という新たな試みも始まった。このネーミングにも、意味がある。

「無観客」という意識でライブをしたくない。その場に観客はいないけれど、画面の向こう側にはお客さんがいる。だから、「無観客配信ライブ」と掲げるのではなく、新しいエンタテインメントのあり方として始動したのがこの配信だった。

ご覧いただいた方もいると思うが、この状況下でできるかぎりのＬＤＨクオリティを発揮した、新たなエンタテインメントの形をお見せできたのではないかと思っている。こうした形の新たなクリエイティブをファンの方々に伝えることができたことは、「次の一歩」を踏み出す活力にも繋がっていった。

世界初となるドーム規模のライブの再開

僕たちは協議を重ねた末に、ひとつの決断をした。ＥＸＩＬＥ ＴＲＩＢＥが総出演するライブツアー「RISING SUN TO THE WORLD」の開催だ。

発表したのは２０２０年11月。感染状況は少し落ち着いていたものの、不安定な時期は続いていたし、本当に開催できるのか、という不安は絶えず残っていた。

それでも、ライブ活動を再開すべく、ＨＩＲＯさんを筆頭に会社のスタッフ、コロナ対策専門家チーム、そして政府や各自治体、東京都医師会、会場やイベンターなどの関係者の方々の協力をいただきながら、自分たちの行動ルールを作り徹底し、お客さんの安全を第一に考えたライブを再開することを決断したのだ。

「Rising Sun」は2011年の東日本大震災のときに掲げた「日本を元気に」という想いを込めてリリースした楽曲のタイトルだ。当時とは違う意味合いの困難ではあるが、今一度このタイトルを掲げ、EXILE TRIBEが一丸となってエンタテインメントの力を信じ、微力ながらでも日本に元気をお届けしていこうという決意を表している。

さまざまな困難はあったが、「世界で初めてドームクラスのライブを再開する」というプレッシャーもあった。コロナ禍以降、2万人規模のライブはこの国ではもちろん、世界でも初となる試みだった。

なぜ僕たちはライブ活動を再開したのか。

当然、早くステージに立ちたいというのは、僕だけでなく、EXILE TRIBE全員の願いでもあっただろう。当然ながら、この状況下だからこそ、ファンの方々に直接僕たちのエンタテインメントをお届けして、元気になってもらいたいという想いもある。

だけど、今回のライブ再開を決意させたのはそれだけが理由ではない。

ライブがストップしている間、新たなチャレンジを続けながらも、僕らは「これをいつまで続けていればいいんだ?」という葛藤、焦燥、怒り、悔しさ、歯がゆさを抱えていた。

何よりも「命」を優先しなくてはいけない。これ以上、医療従事者をはじめとする、ずっと闘われている方々に迷惑はかけられないという想いも当然ながらある。

しかし、このままエンタテインメント業界は死んでいくのか——。

ライブが行われていないということは、僕たちアーティストだけではなく、ライブにかかわる音響の方、照明の方、舞台制作の方、会場でグッズを売ってくれているバイトの子たちやガードマンの方々も、すべての方の職が失われているということだ。彼らのことも僕たちは考えなくてはいけないし、絶対に大切にしなくてはいけない。

ファンの方々はもちろんのことだが、音楽業界の方々にも我々は希望の光を届けたい。自分たちがしっかりと感染対策を行い、規範となるようなライブを行うことで、次に続いてほしいという願いもあった。

僕たちにこの決断ができたのは、ＨＩＲＯさんをはじめ、ＬＤＨのスタッフの方々が約20年間、実績を残し、さまざまな関係値を積み上げ築いてきてくれたからだ。ＬＤＨの20年があったからこそ、最大の危機が訪れても、それを乗り越えていける体力と馬力と知識、信頼関係があった。だからこそ、この一歩を踏み出せたとも言える。

もちろん開催に対しては賛否両論があった。けれど、僕たちがこのツアーを成功させ、ライブから収束に繋がる鍵をみつけることができれば、改めてエンタテインメントの力をお伝えすることができるのではないか。本当の意味で、僕たちが掲げてきた「日本を元気に」というテーマにも繋がるのではないか。それを僕たちは実現しようとしたのだ。

ただ、自分たちがどんなにルールやマナーを作り、徹底した感染対策を行ったとしても、それを守ってくださるかどうか、最終的には会場にいらっしゃるお客さんたちの行動にかかっている。だからこそ、何よりもまず率先して自分たちが感染予防を行う。自分たちが徹底した予防知識を身につけながら挑まなければいけない。そうしたEXILEの決意、LDHの決意を心に、僕たちは再出発の道を選んだ。

エンタテインメントから収束に向かう

このツアーのステージから見た光景は、今も僕の心に深く刻まれている。

客席は通常の半分で、声を出してはならないという制限の中でのライブ。

そこで僕らは、これまで見たことがない景色を目にした。

2万人いる方々の誰一人として声を発することなく、手を振るだけ、拍手をするだけ。

「マスクごしでも、こんなに表情が伝わるのか」

「声を出さなくても、こんなに想いは伝わるのか」

「拍手の音だけでこんなに感動するものだったのか」

声を出さずとも、精一杯、想いを伝えようと頑張ってくださっているお客さんたちを見て、何度も泣きそうになってしまった。

「こんなにも一緒に闘ってくれているんだ」

声援以上のみなさんの熱い想いを感じることができた。

ファンのみなさんの前で踊ることができるという喜びと感謝。存在価値を見失っていた僕たちに、ファンの方々＝ＬＤＨファミリーのみなさんが存在価値を教えてくれた。

あの場を一緒に体験して空気感や結束力を感じてくれたみなさんは、家に帰ってからもリーダーシップをとって家族や仲間や大切な人々に呼びかけてくれるだろう。そうしてみんなの意識が高まることで、少しずつ収束に向かっていく。それこそがＬＤＨが掲げる「エンタテインメントで日本を元気にする」ということの実現であり、本当の意味での「エンタテインメントからコロナの収束に向かう」という希望を見せていただいた、かけがえのない体験だった。

このコロナ禍において「Save Your Neighbor ～みんなで守りあおう～」というテーマを僕たちは掲げているのだが、この本当の意味を僕はＬＤＨファミリーに改めて教えていただいたような気がする。


そうして２０２１年の１月から６月まで敢行したこのツアーは、緊急事態宣言の状況などの影響を受け、キャンセルや延期をはさみながらも完走することができた。

このツアーは僕たちじゃなく、お客さんたちが主役だった。ライブのたびにそう思っていたのだが、これほどまでに実感させてもらったことはなかっただろう。

この１年間で、僕が今まで以上にＬＤＨファミリーという言葉を口にするようになったのは、この経験が強く胸に残っているからだ。

ＥＸＩＬＥのアルバム『PHOENIX』のツアードキュメンタリーには、このツアーに来てくれたお客さんたちのメッセージを収録させていただいている。みなさんの言葉から、いかにＬＤＨの理念に共感してくれて、僕たちのエンタテイメントを求め、期待してくれているかということを深く感じさせてもらった。

そして、このドキュメンタリーに登場するファンの方々の声だけでなく、さまざまな形で発してくれているみなさんの声はしっかりと僕たちに届いているということも、ここでお伝えしておきたい。

すべての出来事に意味がある

「RISING SUN TO THE WORLD」は、ATSUSHIくんが勇退し14人のNEW EXILEとして初のツアーでもあった。

2020年、ライブ活動がストップしている中で発表された、ATSUSHIくんの「11月2日をもって卒業し、今後はソロ活動に専念する」というメッセージは多くの方々を驚かせたと思う。

ATSUSHIくんにとって大きな決断だったことは間違いない。もしかしたら、「PERFECT YEAR」を節目の年と考えて、その後に勇退しようと考えていたのかもしれないし、そのプランが崩れてしまったことで決意が早まったのかもしれない。本当のところは僕にもわからないけれど、すべての活動が止まってしまったあの時期は、誰もが自分は何をすべきなのか、本当に大切にすべきものは何なのか、改めて見つめ直したと思う。それは僕も同じだった。

今の僕は40歳。生きている間に、あと何回ツアーができるだろうか。仮に1年に1回として、人生が80年だとしたら、あと40回。60歳で終わってしまったら、あと20回しかできない。自分に残された時間を考えたら、ATSUSHIくんが次へのステップに挑戦したいと考えたことはすごく理解できる。

ATSUSHIくんのEXILE人生は、「EXILE ATSUSHI」と名乗っている以上続いていく。グループだけがすべてじゃない。だから、背中を押したい。尊重したい。そんな想いだった。

同時に、「自分が愛したかつてのEXILE」を卒業しなきゃいけない、という想いもあった。HIROさん、そしてオリジナルメンバーがいた頃のEXILEは、僕にとっての青春だった。その青春から卒業しなきゃいけない、と。

それはたとえるなら、学生時代を終えて、一社会人になるという感覚に近いのかもしれない。社会人になれば「嫌だ」なんて言っていられないし、自分の思う通りになることばかりじゃない。組織の中で自分の与えられた役割をまっとうしなくてはならない。

ある意味、ＥＸＩＬＥは本当に学校のようなところもあって、僕にあらゆることを教えてくれた。ＨＩＲＯさんという絶対的なリーダーがいてまとめてくれていたからこその安心感の中で、青春を謳歌することができた。その時代を卒業して、ようやく社会人になったことで、僕は自分の心の置き所をコントロールできるようになったのだと思う。

２０２１年9月27日にＥＸＩＬＥはデビュー20周年を迎えたが、僕が加入してからの16年だけでも幾多の困難を乗り越えてきた。

ＨＩＲＯさんをはじめオリジナルメンバーの勇退、活動休止……さまざまなことがあったけれど、すべてそのタイミングであるべき理由や意味があったのだと思う。

コロナ禍もそうだ。なぜこのタイミングに起こったのか。それには理由がある。

僕らは、このコロナ禍にライブがストップしたことで、今一度自分たちの原点にかえることができた。それまで当たり前のようにドーム、スタジアムでライブをやっていたことに対しても、「この状況に慣れて、どこか自分に満足していなかったか?」「いい気になっていないか?」と、いい意味でコロナ禍が活を入れてくれた部分もあったと思う。そうした意味で初心にかえれた部分もあるし、EXILE TRIBEという大所帯の軍団が一丸となれるきっかけでもあったのは事実だ。

今の僕らは、何が起こったとしても、時間が経ったときに「あのことがあったから、より良い結果になった」という状況に自分自身でもっていかなくてはいけないと思っている。すべての出来事を生かすも殺すも自分次第。そう思えるために何をするか、どう進んでいくか。そう考えられるようになっていた。

タイミングと意味の話で言えば、コロナ禍に入る前にEXILE TRIBEのリーダーを任せると言ったHIROさんの決断にも、神がかり的な意図を感じてしまう。

あの時、僕がEXILE TRIBEのリーダーとしての自覚を持ち、覚悟ができていなかったら、コロナ禍という困難な状況のなかでリーダーとしての役割をまっとうできていなかったかもしれない。預言者というと大げさかもしれないけれど、HIROさんはある意味この状況を見越して導いてくださったのではないか、とすら思ってしまう。

真のリーダーとは、チームを導くだけでなく、いつ何どきも神経を張り巡らせて不測の出来事に備え、危機管理を徹底している。そんなことも学んだ。

ＥＸＩＬＥとは何か

コロナ禍で僕は改めてＥＸＩＬＥとは何か、ということを考え続けてきた。

もはやＥＸＩＬＥは、ただのダンス&ボーカルグループではない。

もちろんひとつのグループの表現としては、唯一無二のＥＸＩＬＥエンタテインメントをお届けしていくことは大前提とした上で、ＥＸＩＬＥのあり方そのものが「＝ＬＤＨ」であり「＝ＥＸＩＬＥ ＴＲＩＢＥ」ということ。

「ＥＸＩＬＥ魂」は、オリジナルメンバー、そして今の14人のメンバーだけでなく、三代目 J SOUL BROTHERS、GENERATIONS、THE RAMPAGE、FANTASTICS、BALLISTIK BOYZ、PSYCHIC FEVER……全員が持っている。それぞれに異なる入り口から入ってきているけれど、これまでＥＸＩＬＥの20年の道のりの中で、それぞれにそれぞれとの出会いや繋がりがあり、今がある。僕ら年長者はＨＩＲＯさんをはじめオリジナルメンバーから直接学び、Jr.EXILE世代にはＥＸＰＧで子どもの頃から学び、ＬＤＨの理念、哲学、想いを継承しているメンバーもいれば、もともとEXILEのファンで、その憧れからオーディションを受けて夢を摑んだメンバーもいる。さまざまな形で、EXILE TRIBEのメンバーたちは想いを共有している。これも、コロナ禍で改めて見つめ直せたことだ。

じゃあ、その一番先頭に立つEXILEはどうあるべきなのか。それを考えれば考えるほど、途方もない大きな壁を乗り越えなくてはいけないことを痛感した。

EXILEというグループに対して、HIROさんがいた時の強烈なイメージを持つ人は多いと思う。あの熱量、勢い、スケール感。どれをとっても、ケタ違いのレベルだった。オリジナルメンバーとステージを何度も共にしてきた僕はそれを痛感しているし、それはファンのみなさんだけでなく、音楽業界の人たちにとっても強く残っているだろう。

そのイメージにNEW EXILEは応えなければいけない。もっと言えば、超えていかなくてはならない。「0」から「1」を構築することは、想像を絶するくらい大変なことだ。だけど、あまりにも強烈な「1」を前にしながら、「2」「3」「4」を創っていかなくてはならない。そのプレッシャーは大きすぎるし、ものすごい苦悩も葛藤もある。

しかも、ＥＸＩＬＥ＝ＬＤＨ。僕たちがＬＤＨの未来を牽引していかなければいけない立場でもある。ＨＩＲＯさんをはじめ、オリジナルメンバーの不在、ＡＴＳＵＳＨＩくんの不在、さらにコロナ禍という状況も含めて考えると、ＥＸＩＬＥのこの20年の歴史の中で一番不利な状況かもしれないとすら思う。

そんな中、この20周年イヤーというメモリアルな年を成立させて、ＥＸＩＬＥの過去、現在、未来を提示しなければいけない。

これまでにない大事な時期を任されている14人であることは間違いない。

僕は、この状況にもすべて意味があると思っている。

この時期、この状況でこの大役を任されたことへの使命、責任――。

こんな状況だからこそ、僕はここでまた「カマしたい」という想いがある。

今はまだコロナ禍の影響もあり、耐えながらも攻める姿勢を大事にしてはいるが、まだまだ土台作りの途中。着実に目の前のやるべきことに向き合いながら、いつかは必ずＬＤＨとして、アジア、世界の扉を開き進出を実現したいと思っている。それはどんな形でも……。

また、この20年の活動を通して、アジア全土にＥＸＩＬＥ ＴＲＩＢＥやＬＤＨのファンの方々がたくさんいらっしゃる。感謝の気持ちと共に、ＥＸＩＬＥ ＴＲＩＢＥの、生のパフォーマンスやライブエンタテインメントをいつかは現地でもお届けしたいという想いも強くある。

今後は、未来を担うJr.EXILE世代がメインとなり、さらに世界へ向かっていくだろう。そのさきがけとして、今年、２０２２年、ＥＸＩＬＥがまずは日本でＬＤＨエンタテインメント完全復活の立役者にならなければいけないと思う。それは、ＮＥＷ ＥＸＩＬＥメンバーがそれぞれの兼任グループのリーダーの集まりであり、年長者の集まりでもあるからだ。

これはＬＤＨの意地でもあり、夢でもある。そして、なぜ僕がここでそれを掲げたかというと、そうやってみんなに提示することで自分を奮い立たせるという意味もある。言葉にするということは、常にその意識を持つということだ。

この想いの根底には、韓国勢が音楽だけでなく、映画、ドラマなど世界のエンタテインメントを席巻している今の状況に対しての悔しさみたいなものもないわけではない。ただ、アジア人として大きな勇気や希望を与えてもらっているのは確かだ。だからこそ僕らは、リスペクトを持ちながらも、ＬＤＨオリジナルで世界へ勝負をしてみたいという強い想いがある。「メイドインＬＤＨ」、つまりＬＤＨが作り上げてきたオリジナルのクリエイティブと「ＬＯＶＥ、ＤＲＥＡＭ、ＨＡＰＰＩＮＥＳＳ」という精神を世界の人にも伝えたい。僕たちのエンタテインメントを全世界の方々に届けたい。

僕たちがこれから具体的にどんな動きをみせるのか、楽しみに見守っていてほしい。

「０」に戻る

ＥＸＩＬＥはこの20年、時代と共に形を変えて進化を続けてきた。

メンバーの勇退や、新メンバーの加入を繰り返し、時代とともに変化と進化を続け、さらにその「ＥＸＩＬＥ魂」からアメーバのようにいろんなグループが生まれ、広がって継承されている。そうして形を変えて進化していくことは、人間の人生とも重なっているように思える。

永遠なんていうものはない。すべてのものは形を変える。

自分だって形を変えて進化していかなければならないし、永遠に存在するわけではないのだから。

永遠なんてないということは、それまでの人生でもわかってきたつもりだった。だけど、コロナ禍において、さまざまな苦難のなかで、改めてその意味を感じることになった。

ここまですべてが強制的にストップするなんて、誰が想像しただろうか？　ダンスを始めてから今まで、こんなに人前で踊らない期間が続いたことはなかった。

今でも、このまま二度とステージに上がれないのではないか、という想いは拭えない。また公演がストップされ、そのまま引退になる可能性だってありえないことじゃない。

その危機感は今も持っている。毎回これが最後かもしれない、という想いで僕はステージに立っている。


いろんなことがストップしたあの時期は、多くの人たちも僕と同じようにさまざまなことを考えたと思う。例えば、仕事にずっと没頭していた人の中には、ステイホーム中に「これからは家族をもっと大切にしよう」「自分の時間をもっと大切にしよう」と思った人もいるかもしれない。

僕もこのコロナ禍で、自分がなぜ生まれてきたのか、自分が存在する意味は何なのか。

なぜ今この出来事が起こるのだろう。さまざまな問いと向き合ってきた。そして、本当に大切にするべきものが何なのかがわかってきた気がする。

すべての人間は名前を持たずに生まれてくる。僕は両親から「黒澤良平」という名前を与えられて幼少期を過ごし、プロサッカー選手になりたいという夢を諦め、ダンサーを目指したときに「AKIRA」という新たな名前がつけられた。

それからEXILEに加入するという夢を叶え、「EXILE AKIRA」になった。これまで綴ってきたように、ひとつの夢を成し遂げても、ゴールなんていうものはなくて、その到達点は新たなスタートだった。いくらこのままの状況が続くことを願っても、そのままとどまることは絶対にないし、すべての出来事は通過点でしかない。人生はその繰り返しだ。

今の僕は「EXILE」という名字を誇りに思い、その責任と使命を背負っているけれど、いつの日かまた「AKIRA」に戻るときがくるかもしれない。さらには、「黒澤良平」に戻るときがくるかもしれない。

そして、死ぬときにはまた名もなき存在として旅立っていくだろう。

しかし、輪廻転生があるのならば、僕はまた黒澤良平で生まれ変わり、ＥＸＩＬＥという名字を授かりたいと願う。

２０２２年1月31日。

僕たち夫婦の間に、新たな生命が誕生したことを報告させていただいた。

愛する妻と巡り逢わせてくれた運命、家族を授からせていただいた奇跡、そして「父親」という経験をスタートさせてくれた喜び、すべてに感謝しながら、僕はまた新たな一歩を踏み出していく。

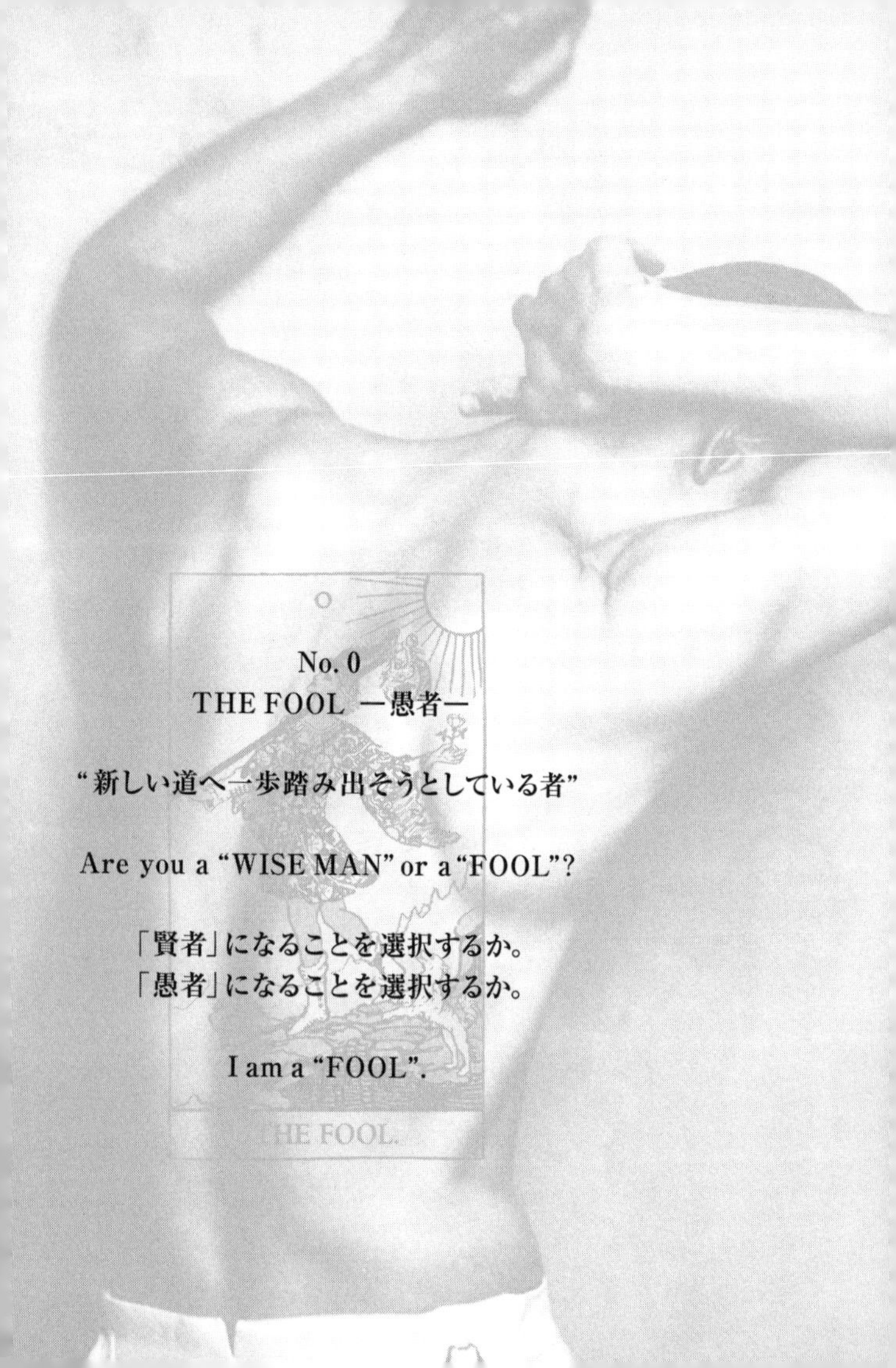

No. 0

THE FOOL　ー愚者ー

“新しい道へ一歩踏み出そうとしている者”

Are you a “WISE MAN” or a “FOOL”?

「賢者」になることを選択するか。
「愚者」になることを選択するか。

I am a “FOOL”.

文庫版あとがき

単行本『THE FOOL　愚者の魂』の刊行から3年以上の時が経ち、僕は40歳になった。

この自叙伝は、約3年半前の僕が「あの時点までの過去」を振り返って、それまで語ってこなかった半生を赤裸々に綴っている。

あの時、僕は自分の過去と向き合うことで、次に進もうともがいていた。

「消したい過去を曝け出してでも突き進む」

そんな熱量や情熱の塊のようなものが閉じ込められている。


正直に言うと、今読み直すと恥ずかしいと思う部分がたくさんある（笑）。浅はかな部分や未熟な部分もあるし、「お前は何を言ってるんだ！」「くだらないことを熱弁するんじゃない」とツッコミたくなる場面もある（笑）。でもそれがリアルな僕の人生だし、そのすべてが自分にとって必要なことだったと今は思える。こうしたかけがえのないひとつひとつの経験すべてがあったからこそ今の自分がある。僕はこのオンリーワンの自分の人生を大切にしたい。

そんな想いから、文庫版には、単行本時の文章をあえてそのまま収録することにした。今の自分が読んで恥ずかしいと思えるのは、その時点から進化し、成長しているからこそ。僕は自叙伝を綴ることであえて自分の過去を掘り返し、反芻し直すことで初心に帰ることができたし、その軸となる部分は今でも変わっていないことを再認識できた。

これを読んでくれたみなさんにも、決して振り返りたくない過去や、決して思い出したくない出来事がきっとあると思う。だけど、そのすべての経験が今のあなたを形成しているし、未来のあなたを作っていくから。みなさんもこれまでの人生すべてを大切にしてほしいと思う。誰ひとりとして同じものはない、世界でオンリーワンのその人生を大切にしてほしいし、誇りを持ってほしい。なぜならば、俺はこんなにもくだらない人間だから(笑)。この本には、そういう願いも込めている。

40歳の僕のこの言葉を60歳の自分が見た時、きっとまた恥ずかしく思うだろう。

そう思えるということは、進化しているということ。

いつまでもそんな自分の生き方を愛し、誇れる人生を歩みたいと思う。

そして、自分が生まれてからのすべてを綴ったこの自叙伝の文庫本を、新たな生命を授かったこのタイミングで出版できたことに感謝している。

本のタイトルは、タロットカードの〝THE FOOL〟からつけさせていただいた。

22枚あるカードの「0」番。単語を直訳すると「愚者」「愚か」「馬鹿」……。「道を切り拓くもの」「初心に戻る」「批判を恐れずに一歩踏み出す」などの意味も持っている。

僕は、今もこの精神を忘れてはいない。

僕は何度でも「0」に戻って、新たな未来を自分で切り拓いていきたいと思っている。

EXILE AKIRA

解説

阿川佐和子

ＡＫＩＲＡさんと初めてお会いしたのは、二〇一八年の八月。週刊文春の連載対談にお出ましいただいたときであり、ちょうど『THE FOOL　愚者の魂』の単行本を刊行されてまもなくのタイミングだった。あれから三年の月日が流れ、このたび本書が文庫化されるとのこと。まことにおめでとうございます。

私がＡＫＩＲＡさんにお会いした当時、ＥＸＩＬＥはすでに社会現象になるほどの人気を博し、テレビでその姿を見ない日はないほどだった。その魅力を確かめようとテレビ画面を凝視してみるのだが、黒ずくめのちょっと怖そうな若者がわんさか踊っている中で、どうやら歌っているのはたった二人だけ。その二人がわんさかダンサーの激しいダンスの前や後ろや横に紛れて動き回り、カッコいいとは思えども、誰が誰やらとんとわからない。やっと顔を少しだけ認識できるようになったと思った頃、メンバーが増えたり替わったりチームが再分割されたり、新たな弟分チームができたり、突然「三代目」というグループが誕生し、「一代目と二代目って、どれよ?」と疑問を抱いたり、とうてい理解が追いつかない存在というのが私にとってのEXILEだった。

ところが。

実はAKIRAさんにお会いする少し前、テレビのバラエティ番組で、それこそ三代目J Soul Brothersの登坂広臣さんにお会いする機会を得た。失礼ながら私は登坂さんという方を存じ上げなかった。「三代目J Soul Brothersってなに?」ほどの認識である。もちろん登坂さんとて、共演者のおばさんが何をする女なのかご存じないにちがいない。そう思っていたところ、登坂さんは収録前にわざわざ私の楽屋の扉を叩き、

「本日はよろしくお願いいたします!」

長身の身体を丁寧に曲げ、まるで恩師に会いにきた教え子のごとく謙虚な様子で挨拶に来てくださったのである。

「キャー、なんて感じのいい人なの?」

登坂さんが去ったあと、私はすっかりファンになっていた。ほとんど知らないくせに。

そして数カ月後、AKIRAさんとの対面の日を迎え、またもやガツンだったのである。

黙っていれば近づくのをやや躊躇したくなるほどの野性的オーラを醸し出しているAKI

RAさんが、対談部屋に入ってきた途端、低い声で物腰柔らかく、白い歯を見せて「初めまして。AKIRAです」とそれはフレンドリーな挨拶をしてくださった。単行本の表紙に載っている写真とはまるで違うではないか。オールバックにしたヘアスタイルや太い眉、鋭く輝く目、薄くのびた口ひげから大きな喉仏に至るまで、顔はたしかに写真と同じだが、身体全体から醸し出されるこの穏やかなオーラは、いったいなに?

すっかり気をよくした私は調子に乗って、さっそく失礼な質問をぶつけてみた。

「あのー、EXILEって、何が何だかわからなくて。いったい全部で何人なんですか?」

するとAKIRAさんは太い眉毛をピリッとも動かすことなく、柔和な笑顔のまま照れくさそうにお答えくださった。

「ハハハ、外から見てるとわかりにくいですよね。僕らも、自分たちが何人と説明するのに困るときがあるんですよ」

その瞬間、私は合点した。相手の気持を気遣うこんな見事な切り返しをいともさりげなくこなしてしまうところこそ、まさにEXILE魂なのではないだろうか。リップサービスでも営業向けトークでもない。素直な心の赴くところに、この優しさが溢れ出る。もしかして本人もさほど自覚がないのではないかと思われるほど自然な気遣いなのである。

対談中、ＡＫＩＲＡさんは語ってくださった。

「いまの人って、普通に暮らしていても意外に色んな悩みを持っているし、ちょっとしたひと言で傷ついたり、自信をなくしちゃったりもする。そんな読者に『いまはステージの上に立っているＡＫＩＲＡにも、みんなが経験するような挫折があったんだ』と共感してもらうことで、なにか力になれたらなという気持がありました。昔だったら過去を語るにしてもカッコつけてたかもしれませんが、三十七歳になって、ありのままをさらけ出せるようになったんだと思います」

さらにＡＫＩＲＡさんは教えてくれた。

「僕らが所属している事務所の名前のＬＤＨは、〝ＬＯＶＥ、ＤＲＥＡＭ、ＨＡＰＰＩＮＥＳＳ〟の略なんですけど、『全然ラブじゃねえじゃん』って思われたくないというのは、自然とみんな持ってると感じますね」

ＥＸＩＬＥの根源的精神がそこにあることを学んだのは、もちろんリーダーのＨＩＲＯさんの教育の賜物かもしれない。しかし今、ＡＫＩＲＡさんを初めとしてメンバーの誰もが同じ遺伝子を受け継ごうとしているのは、どれほどスターになったとしても、最初の気持を維持して生きていくほうが本当の幸せをつかめるのだと実感しているからだろう。

あれから三年の月日を経て、本書が単行本から文庫本へ生まれ変わったように、ＡＫＩＲＡさんはさらに大きく広く、羽ばたこうとしている。歳を重ねるにつれ、かたちを変えながら、さらなる愛と夢と幸せを追い求めるＡＫＩＲＡさんの成長ぶりを知ることが、我々読者のおおいなる勇気の源となるのはまちがいない。

（エッセイスト、作家）

EXILE AKIRA

STAFF CREDIT

構成（第1章〜終章）
小島和宏

写真
マチェイ・クーチャ（AVGVST）

装丁・デザイン
坂脇慶

スタイリング
橋本敦（KiKi inc.）

ヘアメイク
MAKOTO（juice）

衣装協力
ラルフ ローレン

アーティストマネージメント
小作謙介（LDH JAPAN）
櫻井麻美（LDH JAPAN）

編集
久保奈々子（毎日新聞出版）

EXILE AKIRA

EXILEの中心核としてグループを牽引。パフォーマーとしての活動に加え、数々の映画、ドラマ、舞台、声優など様々な分野で活躍。2009年の映画『ちゃんと伝える』では日本映画批評家大賞新人賞を受賞。2010年中国公開のアンドリュー・ラウ監督作品『レジェンド・オブ・フィスト怒りの鉄拳』にてアジア映画デビュー。2017年にはマーティン・スコセッシ監督のハリウッド作品『沈黙−サイレンス−』に出演、2019年1月には童謡100周年を記念して作られた映画『この道』で大森南朋とダブル主演を果たす。また、アーティスト、役者として活躍するなか、2017年からはアジア人初となるRalph Laurenアンバサダーに就任し、2018年と2019年の2年連続で最高峰ラインPurple Labelの広告イメージモデル契約を結ぶ。そして、2019年の秋冬シーズンのキャンペーンにおいては、ついにブランドのメインとなり、グローバルモデル、アンバサダーとして世界の顔となった。世界で初めてアジア人の俳優・アーティストがラルフローレンというブランドを代表し、背負う事は 歴史的快挙であると報じられた。2020年には、Ralph Lauren Purple Labelの創立25周年を記念した「パープルレーベル オードトワレ」のグローバルモデル、アンバサダーにも就任。

本書の単行本は2018年8月23日に小社より刊行されました。
「新章」は書き下ろしです。

毎日文庫

THE《ザ》 FOOL《フール》　愚者《ぐしゃ》の魂《たましい》

印刷　2022年3月10日
発行　2022年3月20日

著者　EXILE《エグザイル》 AKIRA《アキラ》
発行人　小島明日奈
発行所　毎日新聞出版
東京都千代田区九段南1-6-17 千代田会館5階
〒102-0074
営業本部：03(6265)6941
図書第一編集部：03(6265)6745
印刷・製本　光邦
 ISBN978-4-620-21042-1